Le Bled

900 dictées

Primaire

Daniel BERLION
Inspecteur d'académie

hachette
ÉDUCATION

Conception graphique
Intérieur : Médiamax

Illustrations : Dominique FAGES

Réalisation
Intérieur : Médiamax
Couverture : Mélissa CHALOT

ISBN 978-2-01-701208-5
www.bled.hachette-education.com

Sommaire

Avant-propos 6

Orthographe

1 Le son (S) 8
2 Le son (K) 10
3 Les sons (G) et (JE) 12
4 Le son (F) 14
5 Les sons (AN) et (ON) 16
6 Le son (IN) 18
7 Les accents 20
8 Les mots invariables 22
9 Les lettres muettes 24
10 Les noms terminés par le son (O) 26
11 Les noms terminés par le son (É) 28
12 Les noms terminés par le son (I) 30
13 Les noms terminés par le son (U) 32
14 Les noms terminés par le son (È) 34
15 Les noms terminés par les sons (AIL), (EIL), (EUIL) et (OUIL) 36
16 Les noms terminés par le son (OIR) 38
17 La lettre « h » 40
18 L'écriture des nombres 42
19 Les consonnes doubles 44
20 Les homonymes 46

Grammaire

21 Le genre des noms 50
22 Le pluriel des noms 52
23 Le féminin des adjectifs 54
24 Le pluriel des adjectifs 56
25 Le participe passé en *-é* ou l'infinitif en *-er* 58
26 L'accord du verbe avec le sujet 60
27 L'accord du participe passé employé avec l'auxiliaire *avoir*
Pour aller plus loin 62
28 L'accord du participe passé employé avec l'auxiliaire *être* 64
29 Les homonymes : nom ou verbe ? 66
30 *À* et *a* 68
31 *Et* et *est* 70

32 *On* et *ont* 72
33 *Son* et *sont* 74
34 *Ou* et *où* 76
35 *Ces* et *ses* 78
36 *Ce* et *se* 80
37 *La, là* ou *l'a* 82
38 *Tout – Toute – Tous – Toutes* 84
39 *Quel(s) – quelle(s) – qu'elle(s)* 86
40 *Leur – leur(s)* 87

Conjugaison

41 Le présent de l'indicatif : *être* et *avoir* 90
42 Le présent de l'indicatif : verbes du 1er groupe 92
43 Le présent de l'indicatif : verbes du 2e groupe 94
44 Le présent de l'indicatif : verbes du 3e groupe 96
45 L'imparfait de l'indicatif : *être* et *avoir* 98
46 L'imparfait de l'indicatif : verbes des 1er et 2e groupes 100
47 L'imparfait de l'indicatif : verbes du 3e groupe 102
48 Le futur simple de l'indicatif : *être* et *avoir* 104
49 Le futur simple de l'indicatif : verbes des 1er et 2e groupes 106
50 Le futur simple de l'indicatif : verbes du 3e groupe 108
51 Le passé composé 110
52 Le passé simple : *être* et *avoir* ; verbes du 1er groupe 112
53 Le passé simple : verbes des 2e et 3e groupes 114
54 Le passé simple : *tenir* et *venir* 116
55 Le plus-que-parfait et le futur antérieur Pour aller plus loin 118
56 Le présent du conditionnel Pour aller plus loin 119
57 Le présent du subjonctif Pour aller plus loin 120
58 Le présent de l'impératif 122
59 Conjuguer les verbes terminés par *-yer, -eter, -eler* 124
60 Conjuguer les verbes terminés par *-cer* et *-ger* 125

Vers la 6e

25 dictées thématiques vers la 6e 127

Tableaux de conjugaison

Parler 134
Finir 134
Venir 134
Prendre 136
Vouloir 136
Offrir 136
Avoir 138
Être 139
Aller 140
Faire 141
Dire 142
Pouvoir 143
Devoir 144
Savoir 145
Valoir 146
Asseoir 147
Mettre 148
Craindre 149
Croire 150
Vivre 151
Voir 152
Conduire 153
Fuir 154
Sentir 155

Index 157

Avant-propos

L'apprentissage de l'orthographe exige des efforts réguliers. Parmi les exercices qui concourent aux progrès des élèves, la dictée occupe une place importante. Critiquable lorsqu'elle n'est qu'un moyen d'évaluer et surtout de sanctionner les élèves, la dictée présente l'indéniable avantage de concentrer l'attention sur les seuls problèmes orthographiques. Nous conseillons donc aux parents de dicter – au moins un quart d'heure trois fois par semaine – des phrases ou de petits textes à leurs enfants selon le niveau de la classe où ils se trouvent.

Pour être résolus efficacement, les problèmes orthographiques doivent être abordés avec méthode ; c'est pourquoi nous avons regroupé les différentes dictées en fonction d'une difficulté particulière qui apparaît dans chacune des phrases ou des textes que nous avons voulus proches des intérêts des enfants d'école primaire. Toutes les notions du programme sont abordées de façon identique : présentation de la règle suivie de dictées aux difficultés graduées selon la classe. Nous avons volontairement inclus certaines notions qui ne seront abordées qu'au collège (comme le présent du subjonctif) parce qu'elles sont utiles au quotidien ; elles sont signalées par la mention Pour aller plus loin. Pour ne pas dérouter les parents, nous avons conservé la dénomination « verbes du 1er, 2e, 3e groupe », tout en précisant aux pages concernées quelles sont les appellations correspondantes dans les nouveaux programmes (verbes en *-er* sauf *aller*, verbes en *-ir* comme *finir*, autres verbes).

Les parents pourront d'abord lire plusieurs fois la dictée pour s'assurer, en posant éventuellement quelques questions, que son sens a été compris. Si l'enfant ne connaît pas le sens d'un mot ou dit qu'il hésite sur son orthographe, on l'invitera à le rechercher au préalable dans le dictionnaire, pratique qu'il doit apprendre à maîtriser. La règle qui figure en tête de chaque double page pourra être lue ensemble et expliquée en s'appuyant sur les exemples donnés.

Après la dictée et un temps laissé pour la relecture, la correction et l'analyse des erreurs porteront prioritairement sur la notion qui fait l'objet de la leçon. En prolongement, si cette notion est encore mal maîtrisée, les parents pourront se référer aux nombreux exercices d'application proposés dans d'autres ouvrages de la collection : ***Bled Benjamin*** et ***Bled Junior***.

L'auteur

Pour un entraînement en autonomie, les 25 dictées *Vers la 6e* ont été enregistrées. Leurs fichiers audio sont téléchargeables gratuitement sur www.bled.hachette-education.com.

Orthographe

1 LE SON (S)

Le son (s) peut s'écrire de plusieurs façons :
– s devant toutes les lettres ou en fin de syllabe : un sapin – un ours
– ss entre deux voyelles : un poisson – le tissu – une boussole
– c devant les voyelles **e, i, y** : la trace – cinq – un cygne
– ç devant les voyelles **a, o, u** : la façade – la leçon – un reçu

⚠ Seule entre deux voyelles, **la lettre s** se prononce **(z)**, comme dans *oser* ou *du poison*.

Pour aller plus loin

Le son (s) peut aussi s'écrire :
– sc devant les voyelles **e** et **i** : la scène – une scie – la science
– t devant la voyelle **i** : l'action – patient – une acrobatie

À partir du CE1

1 Dominique lave la vaisselle.
2 Le tigre est un animal féroce.
3 Le soleil se cache derrière les nuages.
4 Nous récitons nos leçons.
5 La police poursuit un voleur.
6 Quelle est ta date de naissance ?
7 On installe une balançoire dans le parc.
8 La limace se nourrit de feuilles de salade.
9 Les piétons traversent sur le passage protégé.
10 Qui a laissé des traces de peinture sur le mur ?

À partir du CE2

1 Les feux tricolores permettent de régler la circulation.
2 Alice a dépensé toutes ses économies.
3 Un coup de sirène annonce l'entrée au port du paquebot.
4 Comme dessert, je prends une glace à la pistache.
5 L'espion essaie de déchiffrer un message secret.
6 Maman menace de nous punir car nous agaçons le chien !
7 Ce télésiège est conçu pour transporter six personnes.
8 On attachait un boulet au pied des forçats pour empêcher les évasions.
9 Dans le car de ramassage, n'oublie pas de boucler ta ceinture de sécurité.
10 En racontant son aventure, Mélissa grossit les faits pour impressionner ses camarades.

À partir du CM1

1 Avant d'entrer en scène, les danseuses font quelques mouvements d'assouplissement dans les coulisses.

2 Cédric s'est coupé le pouce. Comme le sang coule, il faut mettre un pansement. Il ne pourra pas écrire pendant au moins une semaine !

3 Les commerçants du quartier ont organisé une course des garçons de café ; c'est amusant, car certains renversent les verres posés sur leur plateau.

4 Tous les samedis, des leçons gratuites de natation ont lieu à la piscine municipale. Cette initiative doit permettre à chacun d'apprendre à nager.

5 Nasser choisit de nouvelles chaussures de sport ; il hésite entre deux modèles et ne parvient pas à se décider. Le modèle sans lacets semble plus facile à enfiler, c'est celui qu'il préfère.

6 Comme l'ascenseur est en panne, les occupants de l'immeuble doivent emprunter l'escalier. Ceux qui demeurent au dixième étage font ainsi de longues séances de gymnastique !

À partir du CM2

1 **Le bulletin météo.**
Le bulletin météo précède toujours les émissions de la soirée. Pour demain, on prévoit quelques averses sur la façade atlantique, puis un fort vent du sud chassera les nuages. À l'est, le soleil fera de timides apparitions.

2 **Un jeu à haut risque !**
Les enfants de l'immeuble adorent descendre sur la rampe ; ils ont l'impression de faire de la luge. Ils se bousculent pour prendre place en haut de l'escalier et se laisser glisser. Mais l'apparition du gardien les disperse tous dans de grands éclats de rire.

3 **En classe.**
Toute la classe travaille en silence pendant que le professeur corrige les cahiers. Romane et Simon dessinent. Betty révise la leçon sur le passé composé. Alex et Jade comparent les résultats de leurs opérations. Nina consulte des sites sur Internet pour préparer un exposé sur la salamandre.

4 **Un retour difficile.**
Laura et Lucie n'avaient pas terminé leur promenade lorsqu'une pluie fine et glaciale commença à tomber. Comme les nuages étaient menaçants, elles décidèrent de marcher à grandes enjambées pour aller plus vite. Quand elles arrivèrent à la maison, elles étaient mouillées jusqu'aux os.

5 **La publicité.**
Quand on regarde la télévision, il faut souvent subir cinq à six minutes de publicité entre chaque programme. Les petites histoires présentées dans les spots publicitaires sont parfois amusantes, mais souvent ennuyeuses. Il est plutôt bizarre de voir une actrice célèbre vanter la qualité d'une barquette de poisson pané, de chaussettes ou de céréales.

2 LE SON (K)

Le son (k) peut s'écrire de plusieurs façons.
– c devant **a, o, u** et les **consonnes** :
un carré – le décor – reculer – écraser – la classe
– qu très souvent devant les **voyelles**, y compris avec un accent :
tranquille – la musique – la quête – une équipe – manquer
– k devant toutes les **voyelles** :
un judoka – un képi – un kiwi – un koala – le sudoku

Pour aller plus loin

Le son (k) peut aussi s'écrire :
– cc : accuser – une occasion – accompagner
– ch : la chorale – l'écho – la technique
– ck : un ticket – un jockey
– cqu : acquitter – acquérir

À partir du CE1

1 Il y a une nouvelle tour dans le quartier.
2 Le cirque donne une représentation.
3 Mon père a vu une soucoupe volante.
4 Le coq fait admirer sa crête rouge.
5 Kamel s'entraîne dans un club de karaté.
6 La coquille d'un œuf est très fragile.
7 La vache chasse les insectes avec sa queue.
8 Cet appareil électrique ne fonctionne pas.
9 Les voyages en car me donnent mal au cœur.
10 Il manque une corde à ma raquette de tennis.

À partir du CE2

1 Les bananes poussent dans les pays tropicaux.
2 Le kangourou ne vit en liberté qu'en Australie.
3 Le vrai camembert est fabriqué en Normandie.
4 Donne-moi un coup de main pour déplacer ce coffre.
5 Le motard porte un casque pour se protéger en cas de chute.
6 Dès que l'on cueille un coquelicot, il se fane.
7 Le caïman est une espèce de crocodile d'Amérique.
8 Les véhicules qui remorquent des caravanes ralentissent le trafic.
9 Avec son plumage et son bec noirs, on reconnaît facilement le corbeau.
10 Un mécanicien est capable de changer les quatre roues en cinq minutes.

À partir du CM1

1 Beaucoup de personnes paient leurs achats avec un chèque ou une carte bancaire, car c'est pratique.

2 L'acrobate accomplit un exploit en restant en équilibre sur un câble tendu entre deux mâts.

3 Je suis d'accord avec toi : il n'est pas possible de déplacer ce bloc de pierre qui pèse au moins cinquante kilos.

4 Dans cette boutique, on solde la collection d'hiver. On peut ainsi acheter, à des prix défiant toute concurrence, des vêtements de grandes marques.

5 Carlos marque le quatrième but du pied gauche, car le gardien a glissé au moment de bloquer le ballon : c'est un coup de chance.

6 Avant, on jouait aux quilles sur n'importe quel terrain ; maintenant, on joue au bowling sur un parquet. On ne marque plus les points à la craie sur un tableau, mais ils s'affichent sur un panneau électronique.

À partir du CM2

1 **La nouvelle camionnette.**
Le livreur vient d'acquérir une camionnette d'occasion ; il espère qu'elle consommera moins de carburant que la précédente.

2 **Le groupe de rock.**
Léo et ses camarades jouent de la guitare électrique dans un groupe de rock. Ils répètent dans un garage pour éviter d'incommoder les voisins. Toute cette bande de copains espère enregistrer un disque et connaître le succès !

3 **Un repas rapide.**
À la cafétéria, chacun compose son menu. Coralie prend un gratin de quenelles, Katia des carottes à la crème et moi, une quiche lorraine et une barquette de kiwis. La caissière nous donne un ticket pour boire un chocolat.

4 **À la montagne.**
Kylian part en classe de neige pour apprendre à skier ; il compte aussi faire quelques excursions en raquettes. Comme il fait froid, il emporte un bonnet et un anorak, et il n'oublie ni son masque de ski ni sa crème solaire.

5 **Une recette succulente.**
Prenez cinq pommes pas trop mûres et coupez-les en tranches fines. Faites-les cuire dans un peu de beurre avec deux cuillères de sucre en poudre. Réchauffez une tasse de confiture d'abricot afin d'obtenir un mélange bien liquide et versez délicatement sur les pommes encore chaudes.

6 **Le hockey sur glace.**
Le hockey sur glace vient du Canada. Dès le coup d'envoi, le public encourage les deux équipes qui évoluent sur la glace en brandissant leur crosse. Avec la vitesse, les chocs sont rudes et les accidents fréquents ; mais les joueurs portent un casque et une combinaison renforcée aux articulations.

3 LES SONS (G) ET (JE)

• **Le son (g)** peut s'écrire de plusieurs façons.
– g devant les voyelles **a, o, u** et les **consonnes** :
une gare – le goûter – déguster – un rectangle – la griffe
– gu devant les voyelles **i, e** : une guitare – la fatigue – la guérison

• **Le son (je)** peut aussi s'écrire de plusieurs façons.
– g devant les voyelles **i, y** : une girafe – la gymnastique
– j devant la voyelle **u** : juste – la jungle
– j ou g devant la voyelle **e** : jeudi – une luge
– j ou ge devant les voyelles **a** et **o** : jamais – joli – un bourgeon

Pour aller plus loin

Le son (g) s'écrit parfois :
– gg : un toboggan – c : une seconde – gh : des spaghettis

À partir du CE1

1 Le train entre en gare.
2 À Venise, on se déplace en gondole.
3 Au printemps, on voit les premiers bourgeons.
4 Il neige ; les enfants font de la luge.
5 La rougeole est une maladie assez grave.
6 Ma grande sœur joue de la guitare classique.
7 Pour effacer les traits de crayon, on utilise une gomme.
8 Connais-tu un fruit plus juteux que l'orange ?
9 Les poissons se déplacent grâce à leurs nageoires.
10 Margaux est très gourmande, elle mange trop de gâteaux.

À partir du CE2

1 Olga enfile son jean et cherche ses baskets.
2 Le port de la ceinture de sécurité est obligatoire.
3 Pour connaître l'adresse de Justine, interroge Internet.
4 Le tribunal rendra son jugement au mois de janvier.
5 En vélo, ne lâchez jamais le guidon, sinon vous allez tomber !
6 Le jaguar ressemble au léopard : l'un vit en Amérique et l'autre en Afrique.
7 Quand on nous cache quelque chose, on dit qu'il y a anguille sous roche.
8 Les pigeons s'approchent des gens qui leur jettent des graines.
9 Le périmètre d'un rectangle se calcule à l'aide de sa longueur et de sa largeur.
10 Le chien de garde ouvre une gueule menaçante ; gare à nos mollets !

À partir du CM1

1 La collègue de bureau de ma mère habite juste à côté de chez nous.

2 Lionel a mal à la gorge ; il a une angine et ne pourra pas aller à l'école pendant deux ou trois jours.

3 Au parc d'attractions, des dragons en carton crachent des flammes jaunes et rouges ; le trucage est parfait.

4 Comme Gérald est atteint de surdité depuis sa naissance, il a appris les gestes de la langue des signes pour s'exprimer.

5 Accompagnés d'un guide, les alpinistes atteignent le sommet de la montagne. Avec leurs jumelles, ils distinguent des chamois qui gambadent.

6 La girafe est un grand mammifère d'Afrique ; elle est élégante avec son pelage roux et ses taches brunes. Grâce à son long cou, elle peut manger les feuilles des arbres. Longtemps chassée, c'est aujourd'hui une espèce protégée.

À partir du CM2

1 **Une drôle de trouvaille.**
Jeudi soir, un jeune garçon s'est rendu à la gendarmerie. Il avait trouvé, dans une décharge, un étrange objet jaune qui semblait dangereux. Les gendarmes, intrigués, l'ont gardé et rangé dans un placard.

2 **Un jardin.**
Mon grand-père est fier de son jardin. De jolies jonquilles et des giroflées y fleurissent dès le printemps, puis elles cèdent la place aux marguerites. Il n'oublie jamais de placer des géraniums le long des allées.

3 **La récréation.**
Aujourd'hui, les enfants ne jouent plus aux gendarmes et aux voleurs. Les garçons se dégourdissent les jambes en jouant au football. Les filles sautent à la corde ou s'échangent des cartes avec des personnages imaginaires. Il n'y a pas de jeux électroniques dans la cour, car le règlement l'interdit.

4 **Un diaporama éducatif.**
J'ai regardé un diaporama sur le cycle de l'eau. Il faut suivre le guide d'utilisation. J'ai bien aimé l'histoire de la petite goutte d'eau qui va de la source du Rhône à la mer, où elle retrouve des milliards d'autres gouttes.

5 **Le déménagement.**
Aujourd'hui, nous déménageons de Paris à Limoges. Nous rangeons les objets fragiles dans des cartons afin d'éviter les dégâts. Nous en profitons pour jeter des jouets ou les objets cassés. Puis nous chargeons les appareils ménagers dans le camion loué pour l'occasion. Quelle fatigue !

6 **Promenade en mer.**
Gaëlle et Jérémie ont loué un bateau pour naviguer au large. Comme il n'y a guère de vagues, on distingue des poissons aux nageoires multicolores qui se faufilent entre les algues. Jérémie décide de se baigner. D'un magnifique plongeon, il entre dans l'eau, puis nage vigoureusement.

4 LE SON (F)

Le son (f) peut s'écrire de plusieurs façons.
- **f** : la farine – un défaut – la surface – les freins – de la ficelle
- **ff** : une affiche – difficile – souffler – un chiffre – siffler
- **ph** : une photo – un éléphant – une phrase – la géographie – un phare

Pour aller plus loin

- Les mots qui commencent par **af-**, **ef-** ou **of-** prennent deux **f** :
une affaire – affreux – effacer – un effort – un officier – une offense
- Exceptions : afin – l'Afrique – africain

À partir du CE1

1. Gabriel récite l'alphabet.
2. Ce petit chat est affectueux.
3. Mes parents boivent du café.
4. Ouvrez votre livre de géographie.
5. La fanfare défile en musique.
6. Le pharmacien délivre des médicaments.
7. Je modifie la sonnerie du téléphone.
8. L'arbitre siffle le coup d'envoi.
9. Au marché, les fruits et les légumes sont frais.
10. Les enfants se rendent à la fête foraine.

À partir du CE2

1. Quand Théo est fatigué, il s'installe dans un fauteuil.
2. À la fin de la journée, le conducteur allume ses phares.
3. La secrétaire agrafe les feuilles avant de les plier.
4. De temps en temps, il faut vérifier les freins de son vélo.
5. Tous les nombres s'écrivent en combinant seulement dix chiffres.
6. On utilise un dictionnaire pour corriger les fautes d'orthographe.
7. Les chauffeurs de poids lourds font une pause toutes les deux heures.
8. La photographie de mes trois frères est posée sur le buffet, face à mon fauteuil.
9. À la surface de l'étang flottent de magnifiques nénuphars. Ces plantes aquatiques ont des fleurs fascinantes.
10. Pour réduire ses factures de chauffage, il faut bien isoler sa maison et faire du feu dans la cheminée.

À partir du CM1

1 Même si elle vit dans la mer, la baleine est un mammifère et non un poisson.

2 Pour effacer la mémoire de la calculatrice, appuie sur la touche du bas.

3 Pour effrayer ses amis, Stéphane se déguise en fantôme avec des chiffons.

4 Ce coureur est au bord de l'asphyxie ; il ne trouve plus son souffle car l'effort a été trop violent. Le médecin le fait asseoir.

5 Pour préparer la pâte à crêpes, on mélange de la farine, des œufs, du beurre et du lait. Pour la parfumer, il suffit d'ajouter de la fleur d'oranger.

6 La finale de la coupe a vu le triomphe de l'équipe dont Fabien est le capitaine. C'est lui qui a marqué, d'une magnifique tête, le but de la victoire.

À partir du CM2

1 **Un devoir de français.**
Le professeur nous demande d'écrire un récit, fruit de notre imagination, dans lequel il y aura au moins deux paragraphes de neuf phrases chacun. Le plus difficile sera de donner un titre à notre texte.

2 **Pris au piège.**
Les spéléologues ne se sont pas méfiés ; le niveau de la rivière a monté brusquement et ils ne peuvent plus franchir le siphon. Ils ont trouvé refuge au fond du gouffre en attendant l'arrivée des secours prévenus par téléphone. Ils ont suffisamment de vivres pour tenir plusieurs jours.

3 **Un feu de forêt.**
Il a suffi du frottement de l'allumette d'un fumeur imprudent pour enflammer la forêt. Comme le vent soufflait en rafales, le feu a pris rapidement. L'atmosphère fut vite irrespirable et les pompiers ont travaillé dans des conditions difficiles. Les magnifiques chênes qui faisaient la fierté des habitants ne sont plus que des troncs calcinés.

4 **Un safari photo.**
Pour photographier les faisans, il ne suffit pas d'avoir un bon appareil photo, c'est aussi une affaire de patience. Il faut se poster derrière un fourré à la lisière de la forêt, et rester à l'affût en attendant que ces volatiles se manifestent. En une fraction de seconde, un bon professionnel saura fixer les belles couleurs des plumes du mâle, mais les femelles sont plus discrètes car elles ont un plumage de camouflage.

5 **Les éléphants.**
Depuis quelques années, le nombre d'éléphants ne cesse de diminuer. Les braconniers les tuent pour récupérer leurs défenses en ivoire et les vendre à des trafiquants. Si le phénomène continue, les éléphants risquent de disparaître de la savane africaine ; ce serait une catastrophe pour la biodiversité. D'autres animaux, comme les buffles ou les girafes, sont aussi menacés par le trafic des espèces sauvages.

5 LES SONS (AN) ET (ON)

- **Le son (an)** peut s'écrire de plusieurs façons.

– an ou en devant les consonnes, **sauf m, b, p** :
la manche – la danse – la banque
le vent – la cendre – penser
– am ou em devant les consonnes **m, b, p** :
une lampe – la jambe – camper
décembre – remplacer – emmêler

- **Le son (on)** peut s'écrire de deux façons.

– on devant les consonnes, **sauf m, b, p** :
le pont – bondir – ronfler
– om devant les consonnes **m, b, p** :
un pompier – une colombe
– Exceptions : un bonbon – une bonbonne – l'embonpoint

À partir du CE1

1 Le jardinier arrose les plantes.
2 Ce château est à vendre.
3 Je bois un jus de pamplemousse.
4 Le client achète des vêtements.
5 Tu devrais ranger ta chambre.
6 Le campeur dort sous une tente.
7 Onze est un nombre impair.
8 L'ambulance transporte un blessé.
9 Antoine se rend chez le dentiste.
10 Ce garçon a peur de son ombre.

À partir du CE2

1 La lave dévale les flancs du volcan.
2 Alexandre répond rapidement à la question.
3 Le vent entraîne le cerf-volant très haut dans le ciel.
4 Le skieur enfile ses gants et s'élance dans la pente.
5 À la mi-temps, l'avant-centre change ses crampons.
6 Nous dégustons une excellente salade de concombres.
7 À la vue du sanglier, le promeneur s'enfuit à toutes jambes.
8 La viande est un aliment nourrissant, pourtant il ne faut pas en abuser.
9 Un proverbe dit : « La parole est d'argent mais le silence est d'or ».
10 Un ouragan a ravagé les côtes de la Martinique et a tout emporté.

À partir du CM1

1 Certains serpents sont venimeux, d'autres se contentent d'étouffer leur proie, comme le boa.

2 Dimanche, le film débute à quinze heures trente. Nous partons en avance pour ne pas manquer le début.

3 Pour éviter un passant imprudent qui traverse sans regarder, le conducteur donne un coup de volant.

4 Mon frère et moi apprenons l'anglais ensemble en écoutant des chansons et en essayant de retenir les paroles.

5 Les emballages en carton ou en plastique doivent être placés dans des conteneurs spéciaux. Ils seront ensuite recyclés et transformés.

6 Le chef d'orchestre monte sur scène sous les applaudissements du public. Quand le calme est revenu, les violons entament le premier mouvement du concerto.

À partir du CM2

1 **Les champignons.**
Faites attention en ramassant les champignons. Certains ont des couleurs attirantes, mais ils ne sont pas comestibles. Gare aux maux de ventre ! Mieux vaut consulter un pharmacien avant de les consommer.

2 **Un cent mètres nage libre.**
Cinq minutes avant le départ de la course, les nageurs s'échauffent devant les plongeoirs, puis ils se rendent à leur place, prêts à s'élancer pour la compétition. Les juges surveillent la position des concurrents qui ne doivent pas bouger avant le signal du départ.

3 **Sur un plateau de cinéma.**
Certains acteurs récitent à voix basse le texte qu'ils ont appris ; d'autres subissent une longue séance de maquillage devant d'immenses miroirs. Les ouvriers installent les accessoires indispensables pour le tournage du prochain plan : des passants qui discutent en attendant l'autobus.

4 **Une nouvelle installation.**
Notre voisin va remplacer son antenne de télévision par une parabole. La réception des images sera bien meilleure et il pourra profiter d'un grand nombre de chaînes. L'installateur est venu avec son matériel et il est monté sur le toit du logement pour la fixer.

5 **Une passion dévorante.**
Pendant les vacances, Blandine dépense son argent de poche en achetant des jeux électroniques ; elle les transfère aussitôt sur sa tablette. Les yeux rivés sur l'écran, elle poursuit inlassablement des bandits ou bien elle prend les commandes d'un vaisseau spatial qui doit éviter les pièges tendus par l'immense flotte de l'empire. Elle n'en a jamais assez et remplace un jeu par un autre jusqu'à la tombée de la nuit.

6 LE SON (IN)

Le son (in) peut s'écrire de plusieurs façons.
– **in :** le sapin – rincer – le linge
– **im** (devant les consonnes **b** et **p**) : un timbre – imprévu – grimper
– **ain :** vaincre – le refrain – le train
– **ein :** une teinture – un rein – éteindre
– **en :** un entretien – un lycéen – un examen
– **yn :** un lynx – une laryngite – un syndicat
– **ym** (devant les consonnes **b** et **p**) : sympathique – une cymbale – le tympan – du thym
– **aim :** la faim – un daim – un essaim

À partir du CE1

1. Le réservoir est plein.
2. En montagne, l'air est très sain.
3. Valentin est ceinture orange de judo.
4. Le conducteur serre le frein à main.
5. Le pin est un bois utilisé en menuiserie.
6. Le terrain de football est impraticable.
7. Le refrain de cette chanson est inattendu.
8. Le frère de Robin a quinze ans aujourd'hui.
9. Le professeur affiche nos dessins au tableau.
10. Martin apprend à nager dans le petit bain.

À partir du CE2

1. Le chimpanzé est un singe intelligent.
2. Ce message est important ; lis-le maintenant.
3. Je déjeune avec un verre de lait et un pain au chocolat.
4. Cette année, l'hiver est très long ; on n'en voit pas la fin.
5. Cette eau est limpide, vous pouvez vous laver les mains et la boire sans crainte.
6. Le parrain de mon cousin n'habite pas très loin de chez lui.
7. Dans le monde, tous les enfants ne mangent pas à leur faim. Certains souffrent de malnutrition.
8. Les dauphins cherchent volontiers la compagnie des humains.
9. Autrefois, on écrasait les grains de blé dans des moulins. Maintenant, on utilise d'impressionnantes machines.
10. Cinq anneaux de différentes couleurs symbolisent les Jeux olympiques.

À partir du CM1

1 Sylvain cherche en vain le carnet où il a noté les devoirs à faire pour demain. Il va appeler son copain pour qu'il le renseigne.

2 Le vainqueur du marathon a triomphé avec plus de vingt minutes d'avance ; en récompense, il reçoit une médaille en or et une imposante coupe.

3 Mozart a composé sa première symphonie à l'âge de huit ans ; ce fut un enfant prodige, aux dons incomparables.

4 Monsieur Carlier a trouvé un emploi à Nantes et il doit quitter le Bassin parisien. Il a déjà trouvé un appartement et il est impatient de s'y installer.

5 Les dauphins sont des mammifères sympathiques qui recherchent volontiers la compagnie des humains. En mer, ils s'approchent sans crainte des voiliers et ils effectuent des sauts hors de l'eau pour manifester leur joie.

6 Les Indiens chassaient les bisons. Pour approcher les animaux à pied, ils s'enduisaient le corps de graisse de bison, afin de dissimuler leur odeur. À cheval, ils encerclaient le troupeau pour le faire tournoyer. Ils choisissaient quelques bisons imposants et les tuaient d'une flèche en plein cœur.

À partir du CM2

1 **Un choix difficile.**
Comme animal de compagnie, Nolwenn avait le choix entre une colombe et un lapin. Elle a préféré le rongeur, plus malin. Mais, quand elle le voit grimper sur les coussins, elle s'interroge...

2 **L'origine du sandwich.**
Lors d'une partie de cartes, un riche anglais, le comte de Sandwich, eut une petite faim. Il était tellement absorbé par le jeu qu'il ne voulait pas quitter ses partenaires ; il se fit servir une mince tranche de bœuf entre deux morceaux de pain. Cette invention a pris le nom de son créateur : sandwich.

3 **Un orage.**
Un éclair illumine le ciel, puis le tonnerre gronde : l'orage éclate. Des trombes d'eau transforment le chemin pentu en un fleuve boueux. Les viticulteurs sont inquiets ; si cette averse dure trop longtemps, les grains de raisin seront arrachés et les vendanges seront compromises.

4 **Un film fantastique.**
Hier soir, j'ai regardé un film de vampires. À la lueur d'un flambeau, un monstre impressionnant, avec des dents énormes, avançait vers une jeune femme. Elle tremblait de tous ses membres et implorait le ciel de bien vouloir la sauver. C'est alors que le héros s'est interposé ; le combat fut impitoyable : le vampire fut atteint d'un coup d'épée en plein cœur.

5 **Une catastrophe nucléaire.**
Il y a quelques années, un séisme de forte amplitude a causé un accident nucléaire au Japon. Les digues ont été rompues et la mer a endommagé les installations d'une centrale située près de la côte. L'arrêt du système de refroidissement des réacteurs a entraîné d'importants rejets radioactifs.

7 LES ACCENTS

• **L'accent aigu (é)** se place seulement sur la lettre **e** qui se prononce alors **(é)** : la fumée – écouter – le médecin

• **L'accent grave (è)** se place souvent sur la lettre **e** qui se prononce alors **(è)** : une pièce – la lèvre – une flèche

• **L'accent circonflexe** (ê) se place souvent sur la lettre **e** qui se prononce alors **(è)** : la forêt – une tête – un rêve

Pour aller plus loin

• On trouve parfois un accent grave sur les lettres **a** et **u**.
Je ne sais pas où j'ai mis mon stylo à bille.

• On peut aussi trouver un accent circonflexe sur les **autres voyelles**.
un château – une île – un fantôme – le goût

À partir du CE1

1 Chloé adore le gruyère.
2 Enzo copie le problème.
3 Il faut fermer la portière.
4 Le défilé fait un détour.
5 L'écran du téléviseur est noir.
6 On regarde le départ de la fusée.
7 Le mécanicien répare le moteur.
8 Clément appuie sur la pédale de son vélo.
9 L'été est la saison la plus chaude de l'année.
10 Le jour de la rentrée, j'ai retrouvé mes camarades.

À partir du CE2

1 Papa prépare la pâte à crêpes.
2 L'ouvrier remplit la bétonnière.
3 Lina a enfilé un vêtement chaud.
4 La caissière vérifie le montant du chèque.
5 Dans le pain, je préfère la mie à la croûte.
6 Le céleri est un légume qui a un goût particulier.
7 Autrefois, le professeur s'appelait le maître d'école.
8 Le grand frère de Victor a un âne tatoué sur l'épaule.
9 Les escargots vont dans l'herbe mouillée parce qu'ils adorent la fraîcheur.
10 La sonnerie du téléphone réveille toute la famille en pleine nuit ! Qui peut appeler à cette heure ?

À partir du CM1

1 Sur la scène du théâtre, devant un public nombreux, chaque comédien joue son rôle avec talent.

2 La cuisinière a surveillé la cuisson du rôti de veau et il est à point ; la bonne odeur qui se répand dans la pièce a donné de l'appétit aux invités.

3 Les pylônes et les câbles électriques des lignes à haute tension défigurent souvent les vallées et découpent de larges saignées dans les forêts.

4 Lucas a de la fièvre et il a dû garder la chambre pendant quatre jours. Aujourd'hui, il est moins fatigué et il peut se lever pour regarder par la fenêtre.

5 Alice est allée passer une semaine de vacances au bord de la mer avec son petit frère. Ils ont joué sur une belle plage de sable fin, mais l'eau était trop fraîche et la baignade pas très agréable.

6 En Grèce, la terre a tremblé pendant vingt secondes qui ont paru une éternité. Les dégâts sont considérables et des bâtiments se sont écroulés. Les ancêtres ne se souviennent pas d'avoir vécu un tel cauchemar.

À partir du CM2

1 **Le déluge.**
Depuis le début du mois d'août, les nuées grisâtres n'arrêtent pas de déverser leur cascade de pluie. Les rivières débordent et emportent même les bâtiments les plus solides qui s'effondrent, sans résistance.

2 **Avant le match.**
L'entraîneur mène la vie dure à ses joueurs car samedi prochain ils vont disputer un match important. Après une séance de tirs au but, il leur donne ses derniers conseils afin qu'ils soient prêts pour affronter leurs adversaires.

3 **Une gloire immobile.**
Les acteurs célèbres ont tous leur double au musée de cire. Les visages et les mains des personnalités sont d'abord modelés dans de la terre glaise. Ensuite, des moules en plâtre sont réalisés. Enfin, les statues sont maquillées puis habillées.

4 **Un fantôme.**
Lorsque les touristes visitent la bâtisse médiévale, le guide leur parle d'un fantôme vêtu d'un drap blanc qui se glisse dans les sombres couloirs du donjon après les douze coups de minuit. Ce serait un ancien châtelain mort au combat lors d'une croisade, mais personne ne l'a jamais rencontré.

5 **Le carnaval.**
Des milliers de personnes costumées parcourent les rues étroites de la ville de Nice. La reine du carnaval, assise avec grâce sur un trône doré, sourit à ceux qui la photographient. Des enfants jettent des poignées de confettis sur les têtes des passants amusés, qui attendent le passage des grosses têtes en carton bouilli.

8 LES MOTS INVARIABLES

Dans une phrase, un certain nombre de mots ne s'accordent jamais : on dit qu'ils sont **invariables.** Il faut connaître leur orthographe par cœur. Voici quelques exemples :

- les **adverbes** : bien – déjà – demain – fortement – ici – jamais – toujours – très – trop – vite...
- les **prépositions** : avec – dans – depuis – derrière – devant – malgré – par – pour – sans – sur – vers...
- les **conjonctions** : mais – ou – et – donc – or – ni – car – lorsque – quand – que...
- les **interjections** : Aïe ! – Halte ! – Hélas !

À partir du CE1

1 La fête dure jusqu'à minuit.
2 Le dé roule sous la table.
3 La Terre tourne autour du Soleil.
4 Le TGV se dirige vers Marseille.
5 Le bureau de poste n'est pas loin d'ici.
6 Sophie hésite entre ces deux desserts.
7 Le maçon place l'échelle contre le mur.
8 Comme il fait froid dehors, je reste à la maison.
9 Les clients attendent debout devant les caisses.
10 Véronique se rend chez le médecin, car elle a la grippe.

À partir du CE2

1 Je ne pars jamais à l'école sans avoir déjeuné.
2 Ce téléphone ne fonctionne pas, car il n'y a plus de batterie.
3 Sur les pistes de Tignes, il y a autant de neige que l'année dernière.
4 Stéphanie signe toujours les messages qu'elle envoie à ses amies.
5 Le sentier est si étroit que nous devons marcher l'un derrière l'autre.
6 Lorsque la sonnerie retentit, nous sortons aussitôt dans la cour.
7 Le capitaine marche fièrement devant son équipe.
8 La cuve à mazout est vide et l'hiver s'annonce rigoureux, donc il faut vite la remplir.
9 Ouf ! J'ai enfin réussi à installer, sans aide, une application sur ma tablette.
10 Je ne croyais pas que les joueurs de basket étaient si grands. À côté d'eux, j'ai l'air du Petit Poucet.

À partir du CM1

1 Dans le monde, trop d'enfants n'ont pas accès à l'école.

2 Quand on a terminé la rédaction d'un document sur l'ordinateur, il faut l'enregistrer avec un nom précis, sinon on peut ne pas le retrouver.

3 Attention ! Ces champignons ne sont peut-être pas comestibles. Avant de les consommer, vous feriez mieux de demander conseil à un spécialiste.

4 Aujourd'hui, la mise sur orbite du satellite a été parfaitement réussie alors que la tentative précédente fut un échec.

5 Christophe Colomb est devenu célèbre en découvrant un nouveau continent, mais il ne faut pas oublier que certains navigateurs inconnus ont peut-être abordé sur les côtes de l'Amérique avant lui.

6 Samir et Brice ont campé tout près d'un vieux château féodal. Toute la nuit, ils ont entendu des hurlements lugubres. Dès le matin, ils ont tenté de percer ce mystère. Cependant, malgré leur courage, ils ne sont pas rassurés.

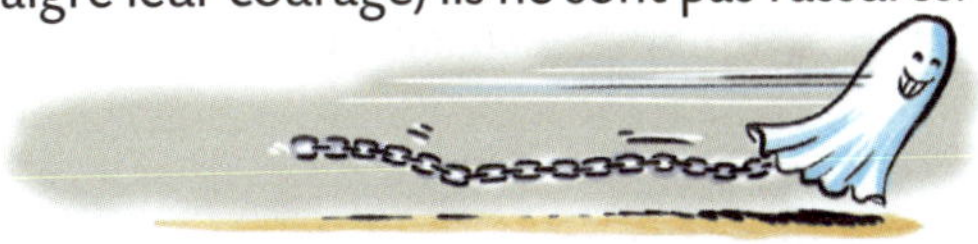

À partir du CM2

1 **Mon chien Toby.**
Plusieurs fois par jour, je sors mon chien pour qu'il fasse une petite promenade. Heureusement, il n'est jamais agressif et il se laisse caresser.

2 **Le départ de la fusée.**
D'abord, rien ne se passe. Puis, soudain, après la mise à feu, la fusée s'élève lentement. Elle prend ensuite de la vitesse. Enfin, elle disparaît dans l'espace.

3 **Un apprentissage.**
Avant la course, le jeune lad soigne son cheval, puis il lui prépare un seau d'avoine. Ensuite, il vérifie soigneusement le fer de chaque sabot et le harnais ; enfin, il aide le jockey à se mettre en selle.

4 **La retraite de Russie.**
Quand l'armée de Napoléon entra dans Moscou, la ville était en flammes. Comme la nourriture et le fourrage risquaient de manquer, Napoléon décida de battre en retraite, mais il fut surpris par l'arrivée de l'hiver. Pendant cette longue marche, la plupart de ses soldats moururent.

5 **La presse.**
Jadis, les journaux étaient rares et chers. Il n'y avait que des textes et très peu d'illustrations. Aujourd'hui, les moyens de reproduction permettent d'imprimer des milliers d'exemplaires très rapidement. Désormais, chacun peut trouver le journal qui lui convient.

6 **Une usine automobile.**
Sur une chaîne de montage, ce ne sont plus les ouvriers, mais des robots qui assemblent les différentes pièces du moteur ou de la carrosserie. Derrière un écran d'ordinateur, des hommes contrôlent les bras articulés de ces nouveaux monstres qui vissent délicatement les boulons ou effectuent une autre opération mécaniquement.

9 LES LETTRES MUETTES

• Certains noms ou adjectifs ont une **consonne finale muette**. Pour la trouver...
– on peut **mettre le mot au féminin** : gris → grise – lourd → lourde
– ou **chercher un mot de la même famille** dans lequel on entend la lettre : l'éclat → éclater – un rang → ranger – une dent → le dentiste

• Parfois, on ne peut pas former le féminin ou trouver un mot de la même famille, il faut donc consulter un dictionnaire.
un buvard – un résultat – un croquis – un cerf – du lilas – le prix

Pour aller plus loin

Il existe également des lettres muettes **à l'intérieur des mots**.
le compteur – l'automne – une sangsue – l'alcool – des remerciements

À partir du CE1

1 Le lilas fleurit au printemps.
2 Le judo est un sport de combat.
3 Le marcheur emporte une trousse de secours.
4 La Belgique est un pays voisin de la France.
5 Les dents de lait tombent entre six et huit ans.
6 La voix est l'instrument de travail d'un chanteur.
7 Le placard de la salle de bains reste ouvert.
8 Le crapaud est laid, mais c'est un animal utile.
9 Je te glisse un secret dans le creux de l'oreille.
10 Les vrais amateurs préfèrent le chocolat noir au chocolat au lait.

À partir du CE2

1 Un lasso est une corde avec un nœud coulant.
2 Le roquefort est fabriqué avec du lait de brebis.
3 Le prix du carburant a baissé depuis le mois dernier.
4 Beaucoup de personnes ne supportent pas l'odeur du tabac.
5 Samuel s'écrase le doigt d'un coup de marteau. Quel maladroit !
6 Le hareng est le poisson le plus répandu des mers froides.
7 Julie verse un peu de sirop de menthe dans chacun des verres.
8 Au cinéma, je m'installe toujours au dernier rang, car on y voit mieux.
9 Comme je suis gourmand, je dévore les croissants chauds à belles dents.
10 Lorsque le cheval part au galop, le cavalier doit tenir fermement les rênes.

À partir du CM1

1 Les robots peuvent travailler sans arrêt, car ils n'ont pas besoin de repos.

2 Parfois je dors dans des draps, parfois je dors sous un duvet, cela dépend de la température...

3 Mon grand frère a acheté un billet de loterie au marchand. Il est surpris car il est l'heureux gagnant d'une assez belle somme d'argent.

4 Ce matin, il fait très froid. Un épais verglas recouvre les routes, et les champs sont blancs. Le car de ramassage va sûrement avoir du retard.

5 Mon chat a un pelage gris et des yeux verts. Il fait des bonds de joie quand on lui donne une tasse de lait. Parfois, il me réveille pendant la nuit en sautant sur mon lit.

6 Le mécanicien ouvre le capot du moteur et sait aussitôt d'où vient la panne : un joint laisse échapper de l'huile. Il plonge ses mains dans le cambouis pour effectuer la réparation.

À partir du CM2

1 **Un nid d'hirondelle.**
Il y a un nid sous le toit. Les œufs sont éclos et une hirondelle rapporte de grosses chenilles pour nourrir ses petits. Chaque oisillon, couvert d'un duvet noir, avance au bord du nid et tend son bec.

2 **Les départs en vacances.**
Cette année, le mauvais temps a beaucoup gêné le départ des Français vers les stations de sports d'hiver. Un épais brouillard a provoqué de nombreux accidents et des retards importants. Il fallait donc être prudent et patient pour arriver à bon port.

3 **Un achat urgent.**
Monsieur Reynaud consulte le catalogue en ligne du magasin de literie. Il choisit un lit à deux places et un matelas épais car il aime le confort. C'est urgent ; en effet, son vieux lit en bois est rongé par les vers et il peut s'effondrer à tout instant.

4 **Le siège de La Rochelle.**
Après le refus du capitaine de la ville de capituler, les soldats du roi Louis XIII se sont installés au pied des remparts de La Rochelle pour assiéger la ville. Le cardinal de Richelieu en personne commandait le siège. Malgré leur courage, les habitants durent se rendre au bout d'un an de souffrances et de privations.

5 **De la graine de champion.**
Abdel est l'athlète le plus brillant de l'école. Il se place au départ de la course avec tous les concurrents. Au coup de pistolet, les coureurs s'élancent ; Abdel trouve tout de suite le bon rythme et il franchit la ligne d'arrivée avec huit mètres d'avance sur les autres coureurs. Toute la classe acclame son héros.

10 LES NOMS TERMINÉS PAR LE SON (O)

• La fin de nombreux noms terminés par **le son (o)** s'écrit -**eau** :
un tableau – un rideau – un château – un oiseau
un râteau – un pruneau – un chapeau – le cerveau

• Mais il existe bien d'autres façons d'écrire **le son (o)** en fin de mot :
– **au :** un tuyau – un étau
– **aud :** un crapaud – costaud
– **aut :** un assaut – un artichaut
– **o :** le studio – un micro
– **oc :** un escroc – un accroc
– **op :** le sirop – le galop
– **os :** un héros – le dos – le repos
– **ot :** un sanglot – un abricot

À partir du CE1

1 L'ouvrier prend un peu de repos.
2 Samir apprend à jouer du piano.
3 Il manque le dernier barreau de l'échelle.
4 Le cheval part au galop.
5 Jeanne a un nouveau jeu vidéo.
6 Quelles sont les couleurs du drapeau italien ?
7 Sonia gonfle les pneus de son vélo.
8 Le tir de l'avant-centre s'écrase sur le poteau.
9 Un bébé s'endort dans son landau.
10 Le jardinier déroule le tuyau d'arrosage.

À partir du CE2

1 Combien y a-t-il de matelots sur ce bateau ?
2 Le lavabo est bouché, il faut appeler le plombier.
3 Dans l'artichaut, que préfères-tu : le cœur ou les feuilles ?
4 Monsieur Renard se rend au bureau en métro.
5 Seras-tu capable d'atteindre cet îlot en pédalo ?
6 Au camping, Steve fait cuire des haricots sur un petit réchaud.
7 Comment un robot peut-il assembler les différentes pièces d'une auto ?
8 Vincent voulait envoyer le ballon contre le mur, mais il a cassé un carreau. Il va devoir monter sur un escabeau pour le changer.
9 Au stade, nous pratiquons le saut en hauteur et le lancer de javelot. Nous ne sommes ni des champions ni des héros, mais nous avons de bons scores.
10 Après s'être cogné contre la vitre, l'oiseau est allé se poser sur un panneau, tout en haut d'un poteau.

À partir du CM1

1 Le roi Louis XIV vivait au château de Versailles. Chaque jour, à la lueur des flambeaux, il donnait des fêtes somptueuses.

2 Au loto, monsieur Legrand joue souvent les mêmes numéros. Hélas, lors du tirage, il est toujours déçu : ce ne sont jamais les siens qui sortent !

3 La chèvre de monsieur Seguin a quitté son enclos pour fuir dans la montagne, mais elle y a rencontré le loup aux crocs redoutables.

4 Pour préparer une tarte aux abricots, on enlève les noyaux à l'aide d'un couteau, puis on étale au rouleau la pâte sablée et on dispose les fruits.

5 Au début du match, les joueurs de notre équipe de rugby avaient des maillots blancs. Mais après quelques mêlées, ils étaient couverts de boue : la faute à la météo, car le terrain était plein d'eau !

6 Stéphanie a une belle voix de soprano ; aujourd'hui, elle se rend dans un studio pour enregistrer son premier album. Avant de se placer devant le micro, elle chauffe sa voix avec un morceau de musique italienne.

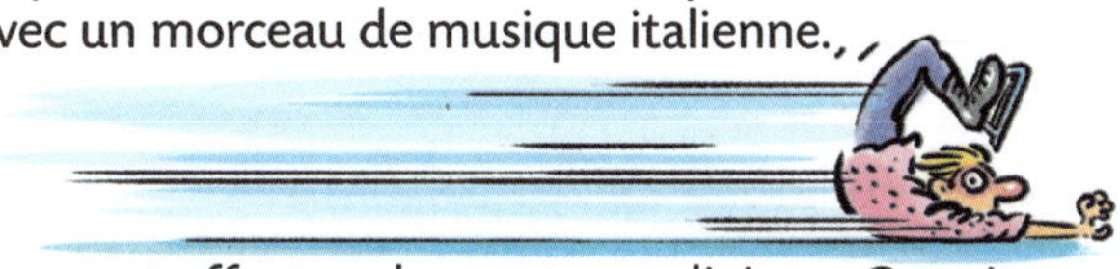

À partir du CM2

1 **Un sport de haut niveau.**
Le patineur glisse avec élégance et effectue des sauts prodigieux. Certains crient au miracle, mais lui sait que, pour atteindre un tel niveau de perfection, il faut s'entraîner plusieurs heures par jour.

2 **Un nouveau film.**
J'ai téléchargé un nouveau film sur ma tablette ; je te le montrerai. C'est l'histoire d'une sorcière, accompagnée de son fidèle corbeau, qui prépare une potion empoisonnée. Je ne dis pas la suite, à toi de la découvrir...

3 **À l'aéroport.**
Gaspard va prendre l'avion pour la première fois afin de rejoindre son oncle qui vit au Canada. À l'aéroport, les horaires des vols sont affichés sur un immense panneau. Gaspard place ses bagages sur un chariot et se dirige vers le bureau d'enregistrement. Il demande une place près d'un hublot pour voir le paysage.

4 **Le naufragé.**
Seul dans son canot au milieu des flots, l'unique rescapé du naufrage du cargo observe l'horizon. Le malheureux revit les dernières heures de son aventure en grignotant quelques morceaux de pain. Soudain, il aperçoit au loin un paquebot. Il agite son maillot en guise de drapeau pour alerter les matelots. C'est peut-être la fin du cauchemar.

5 **Les orchidées.**
Voilà une fleur à la beauté fascinante. Elle peut être cueillie aisément dans les zones tropicales, car elle pousse dans les forêts. En revanche, dans notre pays où le climat est moins chaud, elle doit être cultivée dans des pots remplis d'un terreau spécial. Elle a besoin de beaucoup de lumière et il ne faut pas lui donner trop d'eau.

11 LES NOMS TERMINÉS PAR LE SON (É)

- La fin de nombreux **noms féminins** terminés par **le son (é)** s'écrit **-ée** : la cheminée – l'arrivée – la journée – une idée
- Attention, **la clé** et la plupart des noms féminins terminés par **-té** ou **-tié** s'écrivent avec **-é** :
la bonté – la santé – la clarté – la nouveauté – la qualité
la pureté – la liberté – l'amitié – la pitié – la moitié
⚠ **Exceptions** : la montée – la dictée – la jetée – la portée
ainsi que les noms exprimant un contenu : une cuillerée – une bouchée...
- La fin de nombreux **noms masculins** terminés par **le son (é)** s'écrit **-er** : le plancher – un cerisier – un métier – le fermier – le grenier
Mais il existe aussi d'autres terminaisons :
le café – un pied – le nez – un lycée

À partir du CE1

1 Léo adore la purée.
2 Un menteur ne dit jamais la vérité.
3 J'aime bien la publicité à la télévision.
4 Candice a déjà lu la moitié de son livre.
5 En voiture, je boucle ma ceinture de sécurité.
6 Cette usine engage un nouvel employé.
7 La pelle mécanique creuse une tranchée.
8 Qui a dit que la curiosité était un vilain défaut ?
9 L'année commence le premier janvier.
10 La poignée de la porte est bloquée ; on ne peut pas entrer.

À partir du CE2

1 Laurine a renversé un verre d'eau sur le canapé.
2 Sur une portée musicale, savez-vous placer la clé de sol ?
3 Certains animaux sauvages se reproduisent mal en captivité.
4 La buée sur mes lunettes m'oblige à les essuyer.
5 Le volcan en éruption crache une coulée de lave.
6 La championne distance ses adversaires d'une foulée rapide.
7 Très peu d'appareils ménagers fonctionnent sans électricité.
8 Ce magicien sort des lapins de son chapeau : quelle habileté !
9 Pour se servir d'une tablette, il suffit d'effleurer les touches du clavier.
10 Sur la façade des mairies, on peut lire la devise de la République : Liberté, Égalité, Fraternité.

À partir du CM1

1 Madame Gallet a caché son collier sous son oreiller.

2 Un chimpanzé s'est échappé et il sème la panique dans les allées du zoo ; les gardiens tentent de le rattraper.

3 Comme il avait faim, Bertrand n'a fait qu'une bouchée de la tranche de pain sur laquelle il avait étalé du pâté.

4 Mon père a décidé d'arrêter de fumer. Il trouve cela difficile, mais à force de volonté, il va retrouver une bonne santé.

5 Un barrage est en construction dans la vallée. À la fin du chantier, il produira de l'électricité sans polluer la région.

6 Autrefois, les ouvriers n'avaient pas de vacances ; c'est en 1936 que furent accordés les premiers congés payés. Des millions de Français prirent le train et découvrirent ainsi la mer ou la montagne.

À partir du CM2

1 **Les soldes.**
Avec l'arrivée de l'été, les commerçants du quartier soldent leurs articles de printemps. Dès la première journée, c'est la ruée car chacun veut profiter des réductions. Difficile d'atteindre les rangées de vêtements. En quelques heures, la totalité du stock aura disparu.

2 **L'enfer du Nord.**
Dans le nord du pays, il reste quelques routes avec des pavés qu'empruntent les cyclistes lors de la course Paris-Roubaix. Malgré la mauvaise qualité de la chaussée, ces sportifs à la volonté d'acier n'ont qu'une idée en tête : gagner.

3 **Un accident.**
À la sortie du virage, le camion du routier fit une embardée sur le gravier que des ouvriers avaient étalé dans la matinée ; il se retrouva dans le fossé. Des témoins se précipitèrent pour secourir un éventuel blessé.

4 **Une randonnée.**
La randonnée n'en finit plus. Julien a mal évalué la durée nécessaire pour effectuer la traversée de la vallée et il ne pensait pas que l'arrivée au refuge serait aussi difficile. À la tombée de la nuit, la petite troupe aperçoit enfin la fumée qui signale la présence du chalet. Une dernière montée et chacun pourra poser son sac et passer une agréable soirée devant la cheminée.

5 **Au bord du lac.**
Peu après le lever du soleil, nous avons pris notre petit déjeuner sur la terrasse en buvant quelques gorgées de jus de fruit. Le lac s'étendait à nos pieds. Des voiliers quittaient le rivage en laissant une traînée blanche derrière eux. Au loin, les sommets couverts de neige brillaient sous les premiers rayons du soleil. Tout ce paysage, d'une surprenante beauté, respirait la tranquillité.

12 LES NOMS TERMINÉS PAR LE SON (I)

• La fin des **noms féminins** terminés par **le son (i)** s'écrit **-ie** :
la sortie – la série – la maladie – la folie – la poterie
la bijouterie – la comédie – une envie – la mairie – une épidémie
Exceptions : la souris – la perdrix – la brebis – la fourmi – la nuit

• Les **noms masculins** terminés par **le son (i)** ont des terminaisons variées :
– **i :** un cri – un abri
– **is :** un radis – le tapis
– **it :** le bruit – l'appétit
– **ix :** le prix
– **il :** un outil – un fusil
– **ie :** un incendie – le génie

Pour aller plus loin

Il existe d'autres façons, plus rares, d'écrire **le son (i)** en fin de mot :
– **id :** un nid – **iz :** le riz – **y :** le jury – le rugby – **ye :** un rallye

À partir du CE1

1 Antoine mange de bon appétit.
2 La jument regagne son écurie.
3 Les pompiers éteignent l'incendie.
4 Ne sors pas sans ton parapluie : il pleut.
5 Lucas range ses lunettes dans leur étui.
6 La police arrête rapidement le bandit.
7 Avez-vous goûté à ma salade de fruits ?
8 Isabelle a changé la sonnerie de son téléphone.
9 Nadine passe son permis de conduire.
10 Avec sa classe, Elsa visite une poterie.

À partir du CE2

1 Ce photographe participe à un safari en Tanzanie.
2 La grippe est une maladie contagieuse, surtout en hiver.
3 Ce film est tombé dans l'oubli, plus personne n'en parle.
4 À Paris, il est parfois plus rapide de se déplacer en métro qu'en taxi.
5 Quand il y a une panne d'électricité, on se débrouille avec une bougie !
6 Ce cheval est le favori de la course de cet après-midi.
7 La nuit, on ne voit pas bien la sortie du parking.
8 Je ne fais plus de fautes d'étourderie depuis que je relis ce que j'écris.
9 La caissière trouve le prix de chaque article avec son lecteur de code barre.
10 Le moteur est plein de cambouis et il tourne au ralenti.

À partir du CM1

1 La pluie tombe dru ; les conducteurs attendent une éclaircie pour continuer leur route.

2 Victime d'une avarie, le navire doit rentrer au port où il trouvera un abri sûr. Ce serait une folie de continuer le voyage ainsi.

3 Il paraît que chacun d'entre nous a un sosie, mais il n'a pas forcément envie de le rencontrer.

4 En cette fin d'année, les boutiques, de la plus modeste librairie à l'imposante boulangerie, ont disposé des guirlandes au-dessus de leurs vitrines.

5 Le druide Panoramix prépare une potion magique lorsque les guerriers gaulois lancent un défi à leurs ennemis, les Romains. Obélix n'en boit jamais car il est tombé dans la marmite lorsqu'il était petit.

6 On retient surtout de la vie d'Henri IV qu'il mit fin aux guerres de religion qui déchiraient le royaume. La signature de l'édit de Nantes apporta la paix dans le pays.

À partir du CM2

1 **La grotte de Lascaux.**
Les premiers visiteurs qui ont parcouru les galeries de la grotte de Lascaux ont été éblouis par la qualité des peintures qu'ils découvraient sur les parois et par le génie de ces artistes, il y a plus de dix-mille ans.

2 **Les préparatifs.**
Jeudi prochain, nous allons traverser tout le pays pour aller jusqu'en Italie. Pour ne pas avoir d'ennuis au cours du voyage, Papa conduit la voiture au garage car le moteur fait un petit bruit étrange. Le mécanicien sort ses outils, il change les bougies et ajoute un peu d'huile car le niveau est bas.

3 **Les nouvelles encyclopédies.**
Autrefois, les encyclopédies comptaient plusieurs volumes et occupaient beaucoup de place. Désormais, il suffit d'un simple clic de souris pour que des centaines de pages apparaissent sur votre écran comme par magie. L'ordinateur et les moteurs de recherches sont vraiment des outils merveilleux.

4 **Au centre commercial.**
Dans la galerie marchande, on trouve de nombreuses boutiques. La pâtisserie vous propose des biscuits ; dans la vitrine de la bijouterie, on peut admirer des bracelets en or, des colliers d'émeraude ou de rubis, mais ces bijoux sont hors de prix.

5 **En randonnée.**
Cet été, Axel et ses amis effectuent une randonnée dans le parc de la Vanoise. C'est un vrai paradis pour les marcheurs. Ils rencontrent des animaux qui broutent dans les prairies. Henri a cru voir un chamois alors qu'il ne s'agissait que d'une brebis. Au sommet des cols, ils s'accordent un petit répit avant de descendre. La nuit, ils plantent leur tente à l'abri du vent.

13 LES NOMS TERMINÉS PAR LE SON (U)

• La fin des **noms féminins** terminés par **le son (u)** s'écrit -ue :
la charrue – la laitue – la rue – la tortue – la morue
la statue – la crue – la retenue – la rue – la vue
Exceptions : la glu – la bru – la vertu – la tribu

• Les **noms masculins** terminés par **le son (u)** ont des terminaisons variées :
– **u :** le menu – l'individu
– **ut :** du chahut – le début
– **us :** le dessus – le talus
– **ux :** le reflux

⚠ Il faut retenir l'orthographe de trois noms :
(être à l') affût – le fût – un dû

À partir du CE1

1 La rivière est en crue.
2 Je relis le début de l'énoncé.
3 Léna boit un verre de jus d'orange.
4 Au milieu du parc, on admire une statue.
5 Ce joueur de tennis porte une tenue blanche.
6 À la vue d'une araignée, Marylou a très peur.
7 Les pompiers constatent l'étendue des dégâts.
8 La tortue de la fable fut plus rapide que le lièvre.
9 Sur le chantier, la grue déplace des blocs de béton.
10 Le bolide a terminé sa course folle dans le talus.

À partir du CE2

1 Le zébu est un animal aux très longues cornes.
2 Il y a trop de chahut ; on ne s'entend plus parler.
3 Quand tu fais une addition, n'oublie pas la retenue.
4 Le caissier remet un reçu à la personne venue déposer son argent.
5 Dans cette liste de noms masculins, il y a un intrus.
6 Avant d'acheter ce livre, Quentin en lit un aperçu au dos de la couverture.
7 Les feuilles de laitue doivent être soigneusement lavées avant de les manger.
8 Les marmottes attendent la venue du printemps pour sortir de leur terrier.
9 Ce rébus n'est pas facile à déchiffrer, mais je sais qu'il s'agit d'un proverbe bien connu.
10 Les hommes préhistoriques utilisaient des lances pour blesser le gibier, puis des massues pour l'achever.

À partir du CM1

1 Les capitaines des bateaux de pirates possédaient une longue-vue pour repérer les navires à aborder.

2 Lorsque je vais au marché, je place les fruits et les légumes sur le dessus de mon panier afin de ne pas les écraser.

3 Comme il est difficile de se garer dans cette rue étroite, les automobilistes cherchent des places dans la grande avenue.

4 Autrefois, les paysans avaient du mal à labourer les champs avec leurs charrues. La venue des tracteurs leur a changé la vie.

5 À l'issue de la représentation, tous les spectateurs se sont levés et ont longuement applaudi les danseuses, encore vêtues de leur tutu.

6 Dès les premiers jours de leur arrivée à la caserne, les nouvelles recrues doivent apprendre le salut militaire, car le capitaine passe les troupes en revue tous les matins.

À partir du CM2

1 **De l'argent pour la coopérative.**
Maxence est le secrétaire de la coopérative scolaire. Il est désigné pour rédiger le compte-rendu de la collecte pour la prochaine sortie scolaire. Mais il ne s'occupe pas des menus de la cantine.

2 **La pêche à la morue.**
Comme la morue abonde dans eaux froides de l'océan, les marins jettent leur chalut. Quelques heures plus tard, ils le remontent et des centaines de poissons s'agitent dans tous les sens, pris au piège.

3 **La folie des soldes.**
Dès le début des soldes, la cohue est indescriptible dans les magasins. Les clients n'ont plus aucune retenue : à la vue du moindre article à prix réduit, ils s'en saisissent, même si cela ne correspond pas à ce qu'ils cherchaient.

4 **Une recette savoureuse.**
Pour faire une bonne fondue, on prend du fromage au lait cru que l'on mélange à un peu de vin blanc et d'ail, et on fait chauffer le tout dans une poêle. C'est délicieux, mais il ne faut pas faire un abus de cette spécialité car elle apporte beaucoup de matières grasses.

5 **Chez l'antiquaire.**
Dans la boutique d'un antiquaire, vous aurez un aperçu de tout ce qu'un individu passionné peut collectionner. Vous y trouverez des statues africaines, les accessoires d'un sorcier d'une tribu d'Amazonie ; plus loin, le contenu d'un coffre de marin, un vieux bahut rempli de costumes anciens, une cafetière en porcelaine et son couvercle réparé avec de la glu... Il faut être à l'affût pour déceler le trésor ou l'objet rare que l'on recherche.

14 LES NOMS TERMINÉS PAR LE SON (È)

• La fin de nombreux **noms masculins** terminés par **le son (è)** s'écrit -**et** : un carnet – un volet – un ticket – un sachet – le pistolet – l'objet

• Il existe aussi d'autres façons d'écrire cette terminaison :
– **ai :** un délai – un quai – un balai (objet)
– **ais :** un palais – le relais
– **ait :** le lait – un souhait – le retrait
– **ès :** le progrès – un décès – un abcès

• La fin des **noms féminins** terminés par **le son (è)** s'écrit -**aie** :
une haie – une baie – la craie – la monnaie Exceptions : la paix – la forêt

Pour aller plus loin

Il existe d'autres façons, plus rares, d'écrire **le son (è)** en fin de mot :
– **êt :** un prêt – **ect :** le respect – **ey :** un poney – un jockey – **ay :** un tramway

À partir du CE1

1 Martin déguste un beignet.
2 Le plombier répare le robinet.
3 On écrit au tableau avec une craie.
4 Avec ce crayon, on trace des traits fins.
5 Simon a le hoquet, alors il boit un verre d'eau.
6 Dans le poulet, préférez-vous l'aile ou la cuisse ?
7 Dylan récite l'alphabet à l'envers à toute vitesse.
8 J'ai un billet mais je n'ai pas de monnaie.
9 Un drapeau flotte au sommet du palais royal.
10 Le premier mai, on offre des brins de muguet.

À partir du CE2

1 Félix pratique l'équitation sur un poney.
2 Ce cheval a un harnais garni de clous dorés.
3 En forêt, on trouve des cerfs, des biches, des sangliers...
4 Sans le minerai de fer, l'homme n'aurait jamais eu d'outils solides.
5 Le roi Louis XIV a épousé sa seconde femme en secret.
6 Jimmy a fait des progrès en anglais, il peut lire un petit texte.
7 Pour faire de beaux ricochets, Amélie choisit des galets bien plats.
8 Cet artiste dispose sa toile sur un chevalet et peint le portrait de son fils.
9 La meilleure période pour visiter la roseraie, c'est le mois de mai.
10 Après avoir lu un extrait de *Mon Bel Oranger*, j'ai acheté le livre.

À partir du CM1

1 Comme la plaie n'est pas profonde, l'infirmière la désinfecte et pose un pansement.

2 Lors d'une course de relais, les concurrents se transmettent un bâtonnet.

3 Dans les régions où le mistral souffle avec violence, des haies de cyprès protègent les cultures de fruits et de légumes.

4 Pour faire un retrait d'argent au distributeur, on compose son code confidentiel à l'abri des regards indiscrets.

5 On aménage des rampes à l'entrée des bâtiments publics pour faciliter l'accès des personnes handicapées.

6 Un jockey suit un régime assez strict pour ne pas grossir ; un excès de poids ne lui permettrait pas de monter les chevaux lors des courses de haies.

À partir du CM2

1 **Des musiciens débutants.**
Mon frère est guitariste dans un groupe de rock. Ce soir, ils vont jouer à guichets fermés au palais des congrès devant plusieurs milliers de spectateurs.

2 **Lendemain de fête.**
Comme il y avait des invités à la maison hier, ce matin il faut tout nettoyer ! Papa prend un balai ; maman lave la vaisselle qui est dans l'évier, et moi je la range dans le buffet.

3 **Au cirque.**
Le tigre hésite à sauter à travers le cerceau enflammé ; le dompteur fait claquer son fouet pour l'encourager. Alors, le fauve plie ses pattes de derrière et tente un nouvel essai. Il traverse les flammes, mais il renverse le tabouret à l'arrivée. Tout le monde applaudit.

4 **Un oiseau bavard.**
Les perroquets sont des oiseaux de la forêt tropicale. Mon professeur de français en a acheté un dans une animalerie. Lorsqu'on frappe à la porte, il crie : « Entrez ! » Il a aussi appris à réciter l'alphabet et il le fait toujours avec succès. Pour le récompenser, nous lui offrons un sachet de graines de millet.

5 **Les mariniers.**
Les parents de Romain possèdent une péniche ; ce sont des mariniers. Quand ils ne sont pas à quai, ils transportent des déchets à recycler sur les canaux du nord de la France. Pour faire ce métier, il faut avoir le pied marin et obtenir un brevet professionnel qui permet de naviguer.

6 **Retour de pêche.**
Le chalutier est parti depuis trois jours pour prendre dans ses filets des merlus, des rougets, des soles et des raies. C'est aujourd'hui que le bateau doit rentrer à quai. Les épouses des marins et leurs enfants font le guet sur la jetée. Les retrouvailles seront joyeuses, car la pêche a été bonne.

15 LES NOMS TERMINÉS PAR LES SONS (AIL), (EIL), (EUIL) ET (OUIL)

• La fin des **noms féminins** terminés par les sons **(ail)**, **(eil)**, **(euil)** et **(ouil)** s'écrit -**ille** :
la paille – l'abeille – la feuille – la rouille

• La fin des **noms masculins** terminés par les sons **(ail)**, **(eil)**, **(euil)** et **(ouil)** s'écrit -**il** :
un éventail – le soleil – le fauteuil – le fenouil

Pour aller plus loin

La fin des noms masculins composés avec le nom féminin « feuille » s'écrit -**ille** :
un portefeuille – le chèvrefeuille – un millefeuille

À partir du CE1

1 La volaille est délicieuse.
2 Célia porte des boucles d'oreilles.
3 Mon petit frère craint les chatouilles.
4 Je bois ma grenadine avec une paille.
5 La houille est l'autre nom du charbon.
6 Beaucoup de poissons ont des écailles.
7 Le cuisinier prépare une caille aux raisins.
8 On remet une médaille d'or au vainqueur.
9 La nuit, tu rêves pendant ton sommeil.
10 Avec la soupe de poisson, on sert parfois de la rouille.

À partir du CE2

1 L'émail protège les dents.
2 Mon gâteau préféré, c'est le millefeuille.
3 Le jardinier installe un épouvantail à moineaux.
4 Le gouvernail permet de diriger le bateau.
5 Pour boire, le bétail se rassemble au bord de la rivière.
6 Pour Halloween, on transforme les citrouilles en lanternes.
7 Perdu dans le désert, le randonneur rêve d'une bouteille d'eau.
8 L'écureuil ramasse une noisette et disparaît dans les broussailles.
9 Avec leur appareil, les touristes prennent des photos de la muraille de Chine.
10 Ébloui par le soleil, le conducteur heurte un chevreuil qui traverse la route. Heureusement, il est bien attaché sur son siège.

À partir du CM1

1 Le plongeur ajuste son masque pour admirer les couleurs du massif de corail.

2 On dit que les joueurs de rugby avec un maillot noir portent le deuil de leurs adversaires !

3 Il y du pain dans la corbeille et de la gelée de groseille : nous allons nous régaler.

4 Le médecin conseille à Léa de ne jamais regarder le soleil sans lunettes ; cela peut abîmer l'œil.

5 Les pompiers ont été appelés en urgence ; ils livrent une bataille difficile contre l'incendie d'un immeuble.

6 Rita porte un appareil dentaire. Au début, elle était gênée pour parler et sourire, et elle avait du mal à trouver le sommeil.

À partir du CM2

1 **La chute.**
Lou apprend à faire du vélo. Aujourd'hui, elle a tenté de se lancer toute seule, mais elle a trébuché sur le premier caillou et s'est fait une entaille au genou. Sa bicyclette est bonne pour la ferraille.

2 **La foire à la brocante.**
Le comité de quartier organise une foire à la brocante. Chacun espère faire la trouvaille de l'année en remuant les tas de ferraille à la recherche de l'objet insolite qui, une fois débarrassé de sa rouille, trônera dans la salle de séjour, près d'un fauteuil.

3 **Des monstres de pierre.**
La cathédrale de Dijon est remarquable par la beauté du vitrail qui surmonte le portail de l'entrée principale. On y voit également des gargouilles. Elles effrayaient les gens du Moyen Âge, mais aujourd'hui, elles ne font plus peur à personne.

4 **À la pêche.**
Mon copain Matthias adore aller à la pêche. Chaque dimanche, il s'installe dans l'atelier pour préparer son attirail : cannes, moulinets, hameçons, bouchons, épuisette... Puis, il descend près de l'étang où il traque le poisson pendant des heures, mais parfois il rentre bredouille.

5 **Les retrouvailles.**
Chaque été, Rémi passe ses vacances dans l'Île de Ré, chez ses grands-parents. Dès qu'il arrive, il pousse le vieux portail rouillé et emprunte l'allée qui sent bon le chèvrefeuille. Son grand-père l'accueille sur le seuil de la maison. Ils passent de longs moments à bavarder sous la tonnelle à l'abri du soleil, pendant que grand-mère, assise dans son fauteuil, agite son éventail.

16 LES NOMS TERMINÉS PAR LE SON (OIR)

• La fin des **noms féminins** terminés par **le son (oir)** s'écrit **-oire** :
la gloire – une poire – la mémoire – une bouilloire – une histoire

• La fin de presque tous les **noms masculins** terminés par **le son (oir)** s'écrit **-oir** :
le rasoir – le miroir – l'espoir – le trottoir – un couloir

Pour aller plus loin

Quelques noms masculins terminés par **le son (oir)** s'écrivent **-oire** :
le laboratoire – l'observatoire – un pourboire – le conservatoire

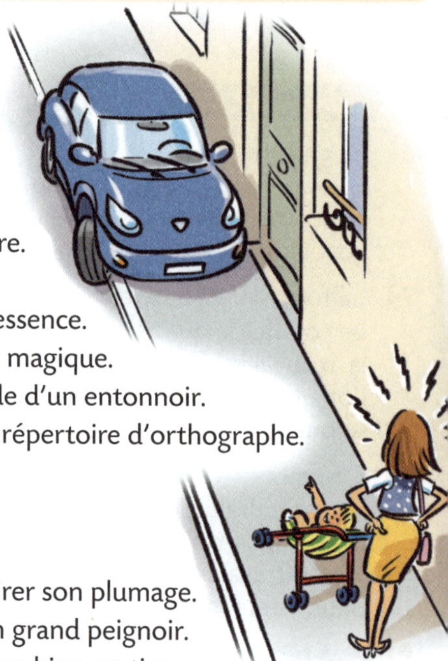

À partir du CE1

1. Alicia a fini son devoir d'anglais.
2. Je range le linge dans l'armoire.
3. Les chevaux se rendent à l'abreuvoir.
4. Ninon saute du grand plongeoir.
5. Les défenses des éléphants sont en ivoire.
6. Il place les assiettes sur l'égouttoir.
7. Le conducteur remplit son réservoir d'essence.
8. La méchante reine interroge son miroir magique.
9. Le vigneron remplit les bouteilles à l'aide d'un entonnoir.
10. Kévin recopie un mot difficile dans son répertoire d'orthographe.

À partir du CE2

1. La voiture stationne près du trottoir.
2. Sur son perchoir, le perroquet fait admirer son plumage.
3. Le boxeur monte sur le ring revêtu d'un grand peignoir.
4. La clé USB est un accessoire informatique bien pratique.
5. Les jeunes enfants jouent dans la pataugeoire de la piscine.
6. En Afrique, les braconniers massacrent les éléphants pour leur ivoire.
7. Perchée sur un promontoire rocheux, cette maison fait face aux tempêtes.
8. Le coureur de 100 mètres doit abandonner tout espoir de médaille olympique, car il est sorti de son couloir.
9. Le gagnant laisse un gros pourboire aux employés du casino, puis il sort sur le trottoir après avoir récupéré son gain.
10. Ce robot évite les murs du couloir, contourne l'armoire et ouvre les tiroirs. Mais il ne parvient pas à éviter le miroir qui se brise aussitôt.

À partir du CM1

1 L'hiver, on ravitaille l'observatoire du pic du Midi par hélicoptère ; le personnel peut rester isolé plusieurs jours.

2 Le commissaire mène l'interrogatoire pour savoir qui est le coupable, mais le suspect semble avoir perdu la mémoire.

3 Le mardi, nous mangeons tous à la cantine. On prend le repas au réfectoire. Au menu ce midi : salade de tomates, poulet et poire.

4 Dans son laboratoire situé dans un souterrain du manoir, la sorcière consulte un vieux grimoire pour préparer des potions magiques.

5 À l'approche de l'hiver, il faut mettre de l'ordre dans le jardin. On range la balançoire, on démonte la pataugeoire et on vide les arrosoirs.

6 Le crocodile est redoutable. On a l'impression qu'il dort mais dès qu'un animal est à sa portée, il bondit et referme ses mâchoires sur la malheureuse proie.

À partir du CM2

1 **La salle de bains.**
La salle de bains se trouve au fond du couloir. Avant de sortir, Émilie range sa brosse à cheveux dans l'armoire de toilette et elle suspend son peignoir resté sur le bord de la baignoire.

2 **Le tamanoir.**
Le tamanoir possède une longue langue qui lui permet de capturer les fourmis ou les termites. Son corps est couvert de longs poils, raides comme de la paille. Comme il dort environ quinze heures par jour, il n'est pas souvent à la recherche de sa nourriture. Serait-il un peu paresseux ?

3 **Les élections.**
Dimanche, les Français vont voter pour élire le maire de leur commune. Les employés de la mairie ont installé des isoloirs dans la plupart des écoles et déposé les bulletins des différents candidats sur des tables qui servent de présentoirs.

4 **Le départ de la fusée.**
Devant leurs ordinateurs, les ingénieurs ont calculé la trajectoire de la fusée et la quantité de carburant nécessaire au décollage. Le directeur du laboratoire appuie sur le bouton rouge. La fusée s'élève lentement dans un nuage de vapeur. Mais on ne criera victoire que lorsqu'elle sera en orbite. Quelle fabuleuse histoire que l'aventure spatiale !

5 **Les histoires de l'oncle Alfred.**
Notre oncle Alfred vit dans un vieux manoir. Dans l'entrée, on trouve une grande statue en ivoire et un escalier qui mène jusqu'au dortoir où, chaque Noël, il nous raconte des histoires. Il aime avoir un large auditoire, car il connaît plein de contes et il a une très bonne mémoire.

17 LA LETTRE « H »

• Lorsqu'un mot commence par un « **h** » **aspiré**, on ne place pas d'apostrophe et la liaison avec le mot qui précède est impossible :
le héros – les héros – la hache – les haches

• Lorsqu'un mot commence par un « **h** » **muet**, on place l'apostrophe et on fait la liaison avec le mot qui précède :
l'habit – les habits – l'histoire – les histoires

• On trouve aussi la lettre « h » à l'**intérieur des mots** :
le rythme – le bonheur – le menhir – le véhicule

Pour aller plus loin

On trouve la lettre « **h** » combinée avec d'autres lettres pour former des **sons consonnes** : la chasse – un phoque – un short – le chlore

À partir du CE1

1 Le soleil disparaît à l'horizon.
2 Charlène court à perdre haleine.
3 Louis hésite entre deux réponses.
4 Quelle est la hauteur de cet immeuble ?
5 Parfois, le hasard fait bien les choses.
6 Je prépare une salade de haricots verts.
7 Superman est le héros de nombreux films.
8 Tous les êtres humains devraient être solidaires.
9 Le hurlement du loup fait hennir les chevaux.
10 La vache et le mouton sont des animaux herbivores.

À partir du CE2

1 Bercé par la houle, le marin s'endort dans un hamac.
2 Il faut respecter les emplacements réservés aux handicapés.
3 La maman de Farid est infirmière, elle travaille à l'hôpital.
4 La pêche au thon est strictement réglementée, car l'espèce est en danger.
5 Les joueurs entrent sur le terrain entre deux haies de supporters.
6 Au zoo, la panthère et la hyène ne partagent pas la même cage.
7 La trahison de Ganelon a provoqué la mort de Roland, le neveu de Charlemagne.
8 Tous les étés, l'hippodrome de Cluny accueille des courses de chevaux.
9 Obélix transporte sans effort les menhirs qu'il fabrique.
10 La pollution ne cesse d'augmenter ; l'atmosphère devient irrespirable pour les habitants.

À partir du CM1

1 Lorsqu'il a pris l'avion pour se rendre à Tunis, Corentin était placé près d'un hublot. Il a ainsi pu contempler le paysage.

2 Près d'un hangar désaffecté s'étend un terrain vague où sont abandonnés de vieux chariots de supermarché et des véhicules hors d'usage.

3 Le rhume des foins est un sacré handicap : on éternue beaucoup, on a les yeux qui coulent et on consomme beaucoup de mouchoirs !

4 On peut déguster les huîtres avec un filet de citron ou de vinaigre d'échalote ; mais les amateurs préfèrent consommer ces fruits de mer sans rien.

5 Les antennes qui hérissaient nos toits ont été remplacées par des paraboles ou des lignes téléphoniques qui permettent de recevoir directement la télévision et même de se connecter à Internet.

6 Les avions à réaction ont remplacé les avions à hélices pour les longs parcours. Mais on trouve encore des avions de tourisme pour les courtes distances.

À partir du CM2

1 **Dérapage.**
Hier soir, vers huit heures, mon oncle a eu un accident en voiture. Son véhicule a glissé sur une flaque d'huile à la sortie du hameau et a terminé sa course contre un hêtre. Heureusement, il n'a que quelques hématomes.

2 **Un enfant heureux.**
Adrien, mon grand frère, est toujours de bonne humeur. Il chantonne sous la douche et raconte tout le temps des histoires drôles. L'habitude qu'il a de siffloter, même les matins d'hiver en allant à l'école, montre bien sa joie de vivre. Adrien, c'est le bonheur de vivre permanent.

3 **L'horoscope.**
Samantha hésite : doit-elle croire ce qu'elle lit dans son magazine préféré à la page horoscope ? Les prévisions sont très optimistes, malheureusement la réalité est souvent moins rose. En fait, ces histoires inventées n'ont jamais rien d'authentique.

4 **Un monstre.**
Dès le début du film, le jeune héros affronte un monstre hirsute, vraiment peu sympathique ! Il a une corne de rhinocéros au milieu de la gueule, huit pattes pourvues de griffes et un corps velu. Le chevalier en vient à bout avec sa hache ; le monstre hurle de douleur puis s'écroule, vaincu.

5 **Une alimentation saine.**
Aujourd'hui, les gens n'ont plus le temps de bien manger et ils prennent de mauvaises habitudes : le matin, un petit-déjeuner hâtif ; à midi, on remplace les hors-d'œuvre par un hamburger et des frites. Le soir, un gros repas cause un sommeil agité. Il nous faut retrouver un régime alimentaire plus harmonieux.

18 L'ÉCRITURE DES NOMBRES

• Les **adjectifs numéraux** sont presque toujours **invariables** :
deux – cinq – sept – dix – douze – vingt – cinquante – cent – mille

• On met un **trait d'union** entre tous les mots qui composent un nombre, et on ajoute parfois « **et** » :
vingt-cinq ; trente-deux ; soixante-et-un ; quatre-cent-soixante-dix-huit

Pour aller plus loin

• **Vingt** s'écrit avec un « **s** » uniquement dans **quatre-vingts** et s'il n'est suivi d'aucun nombre : quatre-vingts – quatre-vingt-six

• **Cent** s'écrit avec un « **s** » s'il y a plusieurs centaines et s'il n'est suivi d'aucun nombre : trois-cents ; cinq-cents, deux-cent-quatre

• Les noms **dizaine, centaine, million, milliard** s'accordent comme tous les noms : des dizaines de personnes.

À partir du CE1

1 Chaque main a cinq doigts.
2 Voici une étoile à sept branches.
3 Ce seau contient huit litres d'eau.
4 Mélanie sert les douze parts de tarte.
5 J'ai déjà lu soixante pages de ce livre.
6 Cet immeuble compte dix-neuf étages.
7 Une journée dure vingt-quatre heures.
8 Le trajet ne durera pas plus de deux heures quinze.
9 Il faut un jeu de trente-deux cartes pour jouer à la belote.
10 Titouan possède une collection de cent petites voitures.

À partir du CE2

1 Il paraît qu'être treize à table, cela porte malheur.
2 Dans ce parking, il reste huit places de libres.
3 Une année compte cinquante-deux semaines.
4 Les basketteurs mènent de vingt-cinq points à la mi-temps.
5 L'avion s'envole pour Berlin avec deux-cent-vingt passagers à bord.
6 Pour couvrir ce toit, il faut cinq-cent-soixante-quinze tuiles.
7 Dans les villes, on ne dépasse pas cinquante kilomètres à l'heure.
8 Benjamin a dix-huit ans : il peut passer son permis de conduire.
9 Le cheval a quarante dents et la jument seulement trente-six.
10 La caissière rend la monnaie au client : trois euros et treize centimes exactement.

À partir du CM1

1. La page cent-quatre-vingt-dix a été arrachée.
2. Le sommet du mont Blanc atteint quatre-mille-huit-cent-dix mètres d'altitude.
3. En prononçant la formule « Sésame ouvre-toi ! », Ali Baba a découvert le trésor des quarante voleurs.
4. La galerie des Glaces du château de Versailles était éclairée par plus de huit-cents bougies.
5. Lors de son voyage en Amérique, madame Chanel a parcouru trois-mille-cinq-cents kilomètres et a dépensé huit-cent-soixante-dix dollars.
6. Le domaine du château de Chambord compte plus de cinq-mille hectares. Un mur d'enceinte de trente-deux kilomètres empêche les biches et les cerfs de s'échapper.

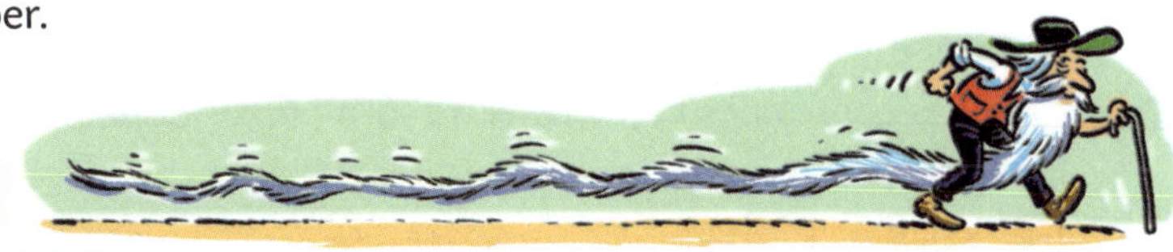

À partir du CM2

1. **Une grande longévité.**
Le doyen du village a quatre-vingt-seize ans ; on a bon espoir de le voir dépasser les cent ans, car il est en pleine forme. Il faut le ménager car il y a peu de centenaires.

2. **Un beau spectacle.**
Le vingt-trois juin, après huit semaines de répétition, dix-sept jeunes du quartier ont joué une pièce de théâtre devant deux-cent-trente personnes. Tout le monde était enthousiaste.

3. **Au concert.**
Plus de mille spectateurs assistent au concert donné dans la cathédrale. Trente chanteurs sont groupés derrière les musiciens. Les quatre premiers morceaux sont joués uniquement par les quatorze violons et les cinq clarinettes.

4. **Les verriers de Murano.**
Sur l'île de Murano, à quatre kilomètres de Venise, on peut visiter des ateliers de fabrication d'objets en verre. Trente-sept compagnons verriers présentent leur production aux touristes : des centaines de vases multicolores ou des dizaines d'animaux que les souffleurs parviennent à créer à partir d'une simple goutte de verre en fusion. Les milliers de visiteurs chaque jour sont séduits par le spectacle.

5. **Le marathon.**
À quinze heures, les coureurs s'élancent pour un parcours de quarante-deux kilomètres. Derrière les barrières de sécurité, des milliers de spectateurs agitent des drapeaux pour encourager leurs favoris. Le vainqueur franchit la ligne d'arrivée avec vingt-quatre secondes d'avance sur le second. Le troisième arrive trente-et-une secondes plus tard.

19 LES CONSONNES DOUBLES

- Certaines consonnes peuvent être **doublées** :
– entre deux voyelles : un accent – chauffer – une colline – le ballon
– pour former le son **(ye)** : de la paille – une abeille – une feuille
– devant les consonnes « **r** » et « **l** » : mettre – souffler
– pour former le son **(s)** : un poisson – assez – le passage – puissant
- Devant une consonne double, « **e** » se prononce le plus souvent (**è**), mais s'écrit sans accent : une pelle – une lettre – belle – il appelle

Pour aller plus loin

- Une consonne qui suit une **voyelle accentuée** n'est jamais doublée : une sirène – une bête – un été – une île – un bâton
- Les consonnes **h, j, v, w, x** ne sont jamais doublées.

À partir du CE1

1 Je sais jouer au tennis.
2 Nous faisons des bulles de savon.
3 L'arbitre place le ballon au centre du terrain.
4 Quand il fait froid, je porte un bonnet.
5 Celui qui trouve la fève gagne la couronne.
6 Le vétérinaire examine la chienne blessée.
7 Aujourd'hui, c'est l'anniversaire de mon meilleur ami.
8 Olivier collectionne les bandes dessinées.
9 Le bijoutier place les colliers dans un coffre fermé à clé.
10 Utilise une calculatrice pour effectuer cette addition.

À partir du CE2

1 Quel est le principal affluent de la Loire ?
2 William a laissé ses lunettes sur la commode.
3 Ce singe se nourrit de pommes, de dattes et de bananes.
4 Les femelles des mammifères allaitent leurs petits.
5 Comme la sonnette ne fonctionne pas, il faut frapper à la porte.
6 Cet appareil enregistre les battements de cœur des malades.
7 Les enfants sont souvent les premières victimes de la grippe.
8 Pour allumer cette machine, il suffit de tourner la manivelle.
9 Les spectateurs attendent le passage des coureurs derrière les barrières.
10 Amélie a les cheveux dans les yeux. La coiffeuse va lui raccourcir sa frange.

À partir du CM1

1 Lorsque le professeur corrige les autodictées, il repère tout de suite les erreurs de grammaire.

2 Le clown entre en piste : il porte une perruque violette, un pantalon à carreaux et des chaussures sans lacets.

3 Quand la sonnerie retentit, toute la classe se précipite dans la cour de récréation, surtout lorsque c'est une belle journée.

4 Pour préparer cette recette d'omelette, j'ai cassé six œufs, ajouté quelques champignons et un peu de ciboulette. Toute la famille s'est régalée.

5 Autrefois, il y avait des moulins à vent sur les collines ; maintenant, ce sont des éoliennes qui les remplacent. Leur énergie ne pollue pas l'atmosphère.

6 On consomme du thé en Europe depuis que les navigateurs en ont rapporté de Chine. Leurs navires transportaient aussi bien de la vaisselle en porcelaine que des cargaisons de feuilles de thé.

À partir du CM2

1 **Comme neuves !**
Quand mes chaussures sont usées, je les porte chez le cordonnier pour les remettre à neuf. Il décolle les anciennes semelles et en recoud de nouvelles. Quand je les récupère, elles sont comme neuves !

2 **La Fête nationale.**
En ce 14 juillet, la fanfare se produit dans la salle des fêtes du village. Les musiciens sont joyeux : l'un joue de l'accordéon, l'autre frappe sur la grosse caisse et le troisième souffle dans une trompette : quel succès ! La foule frappe des mains.

3 **Attention, travaux en perspective.**
Comme la traversée du carrefour de la ville est dangereuse, des travaux sont effectués pour installer un passage souterrain. Des pelleteuses creusent des tranchées dans lesquelles des camions déversent du béton. Une fois le tunnel terminé, il faudra refaire la chaussée.

4 **Le maçon au travail.**
Après avoir pris connaissance des plans, le maçon et son apprenti remplissent la bétonnière. Quand le mortier est pris, ils le versent dans une brouette. L'apprenti saisit sa truelle et commence à empiler les briques. De temps en temps, le maçon vérifie les niveaux pour rattraper les irrégularités, sans quoi l'ajustement des portes et des fenêtres serait difficile.

5 **Une concurrence acharnée.**
Au marché, tout est bon pour attirer le client. Chaque marchand vante la qualité de ses différents produits. L'un proclame qu'il a les meilleures carottes et les échalotes les plus parfumées, l'autre dit qu'il a les salades les moins chères, les premières courgettes de l'année et des pommes de terre nouvelles. Les visiteurs n'ont que l'embarras du choix !

20 LES HOMONYMES

• Les homonymes sont des mots qui ont la **même prononciation** mais qui n'ont **pas le même sens** et qui **s'écrivent souvent différemment** :
avoir faim – la fin du film – Il feint l'étonnement.
un cours de français – la cour de récréation – un court de tennis
un ver de terre – un verre de lait – aller vers la sortie – un feu vert

• Pour trouver la bonne orthographe, il faut s'aider du **sens de la phrase** et vérifier dans un **dictionnaire**.

Pour aller plus loin

La présence d'un accent ou d'une double consonne permet parfois de distinguer des mots homonymes :
un plat de pâtes / les pattes du cheval
une canne à pêche / la cane et son caneton

À partir du CE1

1 Le temps est pluvieux.
2 Elle aime tant les gâteaux.
3 Le taon est un insecte piqueur.
4 Le chat se lèche les pattes.
5 Sarah verse de la sauce sur ses pâtes.
6 Il est bientôt midi, j'ai très faim.
7 Je suis parti avant la fin du film.
8 Je dois acheter une paire de chaussures.
9 Mon père m'accompagne parfois à l'école.
10 Deux est un nombre pair.

À partir du CE2

1 Ma tante habite à Lyon.
2 Les scouts dorment sous des tentes.
3 Il a acheté du vin et un bouquet de vingt roses.
4 Qui a trempé les doigts dans le pot de confiture ?
5 Les serpents perdent leur peau lors de multiples mues.
6 Combien y a-t-il d'os dans le corps humain ?
7 Le son du cor de chasse retentit dans la forêt.
8 Ce chanteur possède une voix exceptionnelle.
9 Il est dangereux de marcher le long d'une voie ferrée.
10 Le car de ramassage passera dans un quart d'heure.

À partir du CM1

1 Ce petit canot ne doit pas emprunter les canaux réservés aux péniches.

2 Toute la famille sans exception est réunie pour fêter les cent ans de Mamie.

3 Ce boulanger vend des pains très variés : aux noix, aux olives, aux lardons...

4 Les pins de la forêt landaise fournissent un bois de qualité avec lequel on fabrique des meubles.

5 J'entends le chant du merle ; il est perché sur un poteau au bord du champ.

6 Quel sot ! Il a renversé son seau rempli d'eau. La prochaine fois, il ne le laissera pas là.

À partir du CM2

1 **Un grand collectionneur !**
Mon père a plus de cent paires de bretelles. Il ne peut s'en passer et il ne s'écoule pas une semaine sans qu'il en achète de nouvelles.

2 **Les risques du métier.**
Lors d'une mêlée, ce grand rugbyman a reçu un coup à la tête et depuis, il a très mal au cou. Son entraîneur l'emmène en urgence chez un spécialiste. Peu importe le coût de la consultation !

3 **Quel artiste !**
Mon professeur de dessin est très content. Il a réalisé à l'encre de Chine un beau dessin au trait. Cela représente un voilier qui jette l'ancre tout près du rivage. Il l'aime tant que pour l'instant il n'est pas prêt à le vendre, il faudra attendre quelque temps.

4 **Une maison luxueuse.**
Cet été, nous passerons nos vacances dans une maison de rêve. Elle comporte une cour intérieure, deux courts de tennis et une piscine de plusieurs mètres dans laquelle on peut mettre un bateau gonflable. Dommage que le séjour soit si court !

5 **Il était une fois...**
Il était une fois un roi qui n'avait plus de voix. Il ne prononçait plus aucun mot et s'en remit à un magicien. Ce dernier lui prépara un médicament miracle composé de sang séché et de cent fleurs de coquelicot à boire en infusion. Le lendemain, tous les maux de notre roi avaient disparu !

6 **Raz de marée.**
L'hiver dernier, il y a eu une grosse tempête qui a provoqué un raz de marée. L'eau est montée au ras de la maison, pourtant perchée sur une butte. Les habitants ont évacué l'eau toute la nuit pour éviter que les rats, chassés des égouts, n'entrent dans les maisons.

Grammaire

21 LE GENRE DES NOMS

• Le nom peut être de genre **masculin** ou **féminin.**
un ami – une amie | un lion – une lionne

• Pour **former le féminin d'un nom**, on ajoute souvent un -e au nom masculin.
un employé – une employée | un voisin – une voisine

• Parfois, on forme le féminin avec **d'autres terminaisons.**
un étranger – une étrangère | un coiffeur – une coiffeuse
un moniteur – une monitrice | un chat – une chatte
un sportif – une sportive | un prince – une princesse
un paysan – une paysanne | un copain – une copine

• Dans certains cas, le féminin et le masculin d'un nom sont très différents.
un oncle – une tante | un roi – une reine

À partir du CE1

1 La cousine de Benjamin vit à Dijon.
2 La surveillante siffle la fin de la récréation.
3 La reine porte une couronne de diamants.
4 La cuisinière prépare un bon repas.
5 La caissière rend la monnaie.
6 La patineuse réalise un saut parfait.
7 Personne n'aime les tricheuses.
8 Ma marraine est pharmacienne.
9 Mon amie Clara est ma confidente.
10 La chienne lèche la main de sa maîtresse.

À partir du CE2

1 Cette musicienne joue aussi bien du violon que du piano.
2 L'épouse de monsieur Lebon est bijoutière.
3 Ma correspondante anglaise m'envoie des SMS.
4 Qui a pensé que la pie était une voleuse ?
5 Cette étudiante souhaite devenir traductrice.
6 On dit que la colombe est la messagère de la paix.
7 La commerçante propose un modèle de veste à la cliente.
8 La chanteuse distribue des photos à ses admiratrices.
9 Comment cette romancière va-t-elle passionner ses lectrices ?
10 Dans les contes, il arrive que les bergères épousent les princes charmants.

À partir du CM1

1. Je lis les aventures d'une princesse aux prises avec une vilaine sorcière qui veut l'empoisonner.

2. Une chanteuse de notre chorale était candidate au concours local mais elle n'a pas été sélectionnée. Elle est mauvaise perdante.

3. Au marché, la bouchère propose de gros gigots, la charcutière de bons plats préparés et la marchande des quatre saisons de beaux fruits et légumes.

4. Cette skieuse est une grande championne. C'est une habituée des compétitions. Quand elle n'est pas sur les pistes, elle travaille comme serveuse dans un restaurant.

5. Mon père aime beaucoup sa nièce. C'est une étudiante sérieuse, brillante, mais aussi une excellente musicienne et une grande cantatrice.

6. La réalisatrice du film exige que l'actrice ait le visage ensanglanté. La maquilleuse le transforme à l'aide de diverses pommades et de produits dont elle a le secret. Pendant ce temps, les figurantes attendent...

À partir du CM2

1. **Les métiers d'aujourd'hui.**
Autrefois, les femmes ne pouvaient pas exercer n'importe quel métier, car certains étaient réservés aux hommes. Il y avait des infirmières, des comédiennes, des institutrices, mais pas d'avocates ou de policières. Désormais, cela a changé.

2. **Au zoo.**
À l'entrée, la gardienne nous recommande de ne pas énerver les animaux. Nous nous dirigeons d'abord vers les lionnes qui dorment au soleil. Juste à côté, les tigresses s'agitent derrière les barreaux. Plus loin, les guenons se balancent aux branches d'un arbre.

3. **Le choix d'un métier.**
Ce matin, à l'école, une animatrice est venue parler de différentes professions occupées par des femmes : hôtesse de l'air, vendeuse, puéricultrice, assistante maternelle mais aussi informaticienne, ingénieure, opticienne, décoratrice et même viticultrice !

4. **Une future championne.**
Roxane s'entraîne tous les jours pour devenir une vraie championne. Le matin, elle va en classe comme toutes les écolières ; l'après-midi, elle effectue des longueurs de bassin à la piscine. Elle réalise souvent de bonnes performances pour la plus grande fierté de la maître-nageuse qui l'entraîne.

5. **Une vie mouvementée.**
La vie de ma tante Lucile est un vrai roman ; elle a exercé un nombre incalculable de métiers. Elle a d'abord été monitrice de ski, puis elle a entrepris des études d'éducatrice. Maintenant, elle travaille dans un cirque et présente plusieurs numéros : écuyère, jongleuse, dresseuse d'otaries, danseuse et même magicienne.

22 LE PLURIEL DES NOMS

• Pour former le pluriel des noms, on ajoute souvent un **-s** : des tables

• Les noms terminés par **-eau**, **-au**, **-eu** prennent un **-x** au pluriel.
des tableaux – des tuyaux – des cheveux

⚠ Exceptions : des landaus – des pneus – des bleus

• Les noms terminés par **-ou** prennent un **-s** au pluriel : des clous – des trous

⚠ Exceptions : les bijoux – les cailloux – les choux – les genoux – les hiboux – les joujoux – les poux

• Les noms terminés par **-al** ou **-ail** font leur pluriel en **-aux** :
les journaux – les travaux

⚠ Exceptions : des bals – des rails – des détails – des portails

À partir du CE1

1. Les poules pondent des œufs.
2. Il tombe quelques flocons de neige.
3. Les chats déchirent les rideaux du salon.
4. Les petits ruisseaux font les grandes rivières.
5. Les chameaux traversent les déserts.
6. Les feux tricolores règlent la circulation.
7. Il ne faut pas avaler les noyaux des cerises.
8. Quel est le prix de ces fromages ?
9. J'aime les animaux sauvages.
10. Les clowns portent souvent des nez rouges.

À partir du CE2

1. Les policiers arrêtent une bande de voyous.
2. Je prépare des bocaux de cornichons.
3. On ne coupe jamais l'électricité des hôpitaux.
4. Les portes des châteaux ont de solides verrous.
5. Les lieux célèbres attirent de nombreux touristes.
6. Chaque jour, mon père achète différents journaux.
7. Le Petit Poucet semait des cailloux pour retrouver son chemin.
8. Les horaires des trains sont affichés sur des tableaux électroniques.
9. Les locaux doivent être nettoyés avant l'arrivée des propriétaires.
10. Les cinq anneaux olympiques représentent les cinq continents.

À partir du CM1

1 Les ordinateurs des bureaux de ces sociétés sont reliés aux terminaux de Paris.

2 Les poux apprécient les chapeaux et les bonnets des enfants. Les parents ne sont pas du même avis...

3 Les coucous sont les seuls oiseaux qui ne bâtissent pas de nids ; ils s'installent dans ceux construits par les autres.

4 Théo utilise différents outils pour jardiner : des râteaux, des cordeaux pour tracer les lignes et des plantoirs pour faire des trous.

5 La princesse a de nombreux bijoux : des bagues, des colliers, des broches et des bracelets.

6 Plusieurs stations de radio annoncent qu'un ouragan arrive droit sur les côtes. Les habitants restent enfermés et barricadent toutes les fenêtres. Le vent souffle fort, puis la pluie tombe en violentes averses. Les rues et les jardins sont inondés.

À partir du CM2

1 **Le marché aux poissons.**
Paulo et ses parents se rendent au marché aux poissons. Ils hésitent devant les soles, les sardines, les maquereaux, les merlus, les tranches de thon et bien d'autres poissons.

2 **Voyage à l'étranger.**
Cette année, toute la famille part en vacances en Russie. À la frontière, on aperçoit des écriteaux avec des lettres étranges. Les douaniers portent de drôles de manteaux comme les généraux des anciens livres d'histoire.

3 **Quel chantier !**
Mardi matin, dans le quartier, des ouvriers viennent poser les tuyaux d'écoulement des eaux. Une pelleteuse aux pneus gigantesques, commence à creuser ; les essieux grincent tant le sol est dur. Il faut deux heures pour dégager les caniveaux.

4 **Une course de haies.**
Pour cette course de chevaux, tous les détails comptent. Les trous de la piste sont bouchés, les plus petits cailloux sont enlevés. La queue des chevaux est tressée comme des cheveux. Dans les tribunes, les femmes portent des tenues mondaines et de grands chapeaux.

5 **La chasse aux bisons.**
Les Indiens savaient que des bisons lancés au galop étaient difficiles à capturer. Alors, ils effrayaient quelques bêtes à l'aide de leurs chevaux et les dirigeaient vers le sommet d'une colline escarpée d'où elles tombaient dans le vide. Les chasseurs prenaient alors ce dont ils avaient besoin pour vivre : la viande, les peaux pour se vêtir, les boyaux pour les cordes de leurs arcs et les os pour fabriquer des outils.

23 LE FÉMININ DES ADJECTIFS

• Pour former le féminin d'un adjectif, on ajoute souvent un **-e** à l'adjectif masculin.

petit – petite | rond – ronde

• Certains adjectifs **doublent leur consonne** finale.

gentil – gentille | gras – grasse

• Les adjectifs en -**eux** font leur féminin en -**euse**.

merveilleux – merveilleuse | peureux – peureuse

• Les adjectifs en -**er** font leur féminin en -**ère**.

léger – légère | premier – première

⚠ Parfois, il y a transformation de l'adjectif au féminin.

frais – fraîche | mou – molle

vieux – vieille | nouveau – nouvelle

À partir du CE1

1. La tigresse est une bête cruelle.
2. Ta réponse est exacte.
3. La maison voisine est vide.
4. Le professeur pose une question nette et précise.
5. La pizza italienne, c'est la meilleure !
6. Prenez garde à la peinture fraîche !
7. Autrefois, on écrivait à l'encre violette.
8. Fais attention, la chaussée est glissante.
9. La maîtresse nous lit une histoire passionnante.
10. Ma grande sœur est fière de sa nouvelle voiture.

À partir du CE2

1. Peureuse, la chatte se cache sous la table.
2. Tes opérations sont fausses ; recompte-les.
3. La chienne fait une grosse bêtise dans le dos de sa maîtresse.
4. Une nouvelle usine s'installe dans la zone industrielle.
5. Le routier gare son camion sur la voie publique.
6. Parfois, je regarde les anciennes photographies de mes grands-parents.
7. À cause du froid, l'alpiniste lâche la corde glissante.
8. L'anglais est une langue internationale.
9. En sortant, ne laissez pas la lumière allumée ni la porte ouverte.
10. Dans la nuit noire, si on aperçoit une étoile filante, il faut faire un vœu.

À partir du CM1

1 Du sommet de la plus haute tour, les touristes regardent la ville basse. De là-haut, la place principale leur semble minuscule.

2 Tondue et arrosée, cette pelouse est bien verte. Malheureusement, utilisée comme terrain de sport, elle ressemblera bientôt à une terre labourée.

3 Voici un délicieux repas : une salade frisée, une épaisse tranche de viande saignante, une purée légère mais onctueuse et, pour finir, une crème glacée.

4 Grand-père m'a raconté l'étonnante histoire de sa sœur cadette qui, en pleine nuit, arpentait le jardin d'une marche lente et régulière. Elle était somnambule !

5 Arthur a déménagé. Il aime beaucoup sa nouvelle chambre avec une table basse, des étagères colorées et une chaise métallique. Des affiches décoratives ornent les murs.

6 Pour son anniversaire, Juliette a reçu de nombreux cadeaux : une immense boîte de chocolats, une trottinette pliante, une voiture téléguidée et une surprise vivante, une jolie chienne noire, toute frisée.

À partir du CM2

1 **Au hasard des routes.**
Dans les villages des Charentes, au détour des petites ruelles, se cachent de belles demeures anciennes. Pour les découvrir, on peut s'aider d'une carte routière.

2 **Le naufragé.**
Réfugiée sur une minuscule barque, la seule personne rescapée du naufrage aperçoit une île lointaine, apparemment déserte. Elle espère y trouver de l'eau potable et du bois pour allumer un grand feu et se réchauffer.

3 **Au supermarché.**
Sur le parking, une cliente pressée se dirige vers l'imposante file de chariots. À l'intérieur, elle achète de nombreuses marchandises et choisit de payer à la caisse automatique ; ainsi, l'attente est moins longue.

4 **Au musée.**
De nombreux visiteurs se bousculent pour admirer l'exposition installée dans la galerie principale. Des gardiens surveillent les plus belles œuvres. À côté de chaque toile figure une explication claire et précise. Cette richesse culturelle est un atout pour les touristes.

5 **Une étrange publicité.**
Si vous voyez une belle jeune fille, bien habillée, qui se promène dans une campagne verdoyante, vous pouvez penser qu'il s'agit de vous vendre une tenue luxueuse ou un séjour à l'étranger. Pas du tout ! Cette personne vous propose d'acheter une tablette numérique. C'est une stratégie publicitaire surprenante !

24 LE PLURIEL DES ADJECTIFS

• Au pluriel, les adjectifs prennent souvent un -**s**.
court – courts calme – calmes grand – grands

• Certains prennent un -**x**.
beau – beaux nouveau – nouveaux

• Beaucoup d'adjectifs terminés par -**al** au masculin singulier s'écrivent -**aux** au masculin pluriel.
spécial – spéciaux local – locaux

⚠ Exceptions : navals – fatals – glacials – natals

• Quand un adjectif se termine par un -**s** ou un -**x** au singulier, il reste identique au pluriel.
un chat roux – des cheveux roux un plat français – des plats français

À partir du CE1

1. Les vents sont violents.
2. Ces couvertures sont chaudes.
3. J'arrose les plantes vertes.
4. Ces verres en cristal sont fragiles.
5. Ils offrent des billets gratuits pour le concert.
6. On entend des bruits familiers.
7. Je prépare des escalopes panées.
8. Ne joue pas avec ces ciseaux pointus.
9. Il faut emprunter les passages souterrains.
10. Elle ressent de violentes douleurs dans le dos.

À partir du CE2

1. Les dieux de l'Olympe sont immortels.
2. Chaque soir, mes parents regardent les actualités régionales.
3. Il achète de beaux tapis pour son salon.
4. L'histoire est passionnante ; tous les élèves sont attentifs.
5. Impatients, les spectateurs attendent le début du spectacle.
6. La piqûre de certains animaux tropicaux peut être mortelle.
7. La cigogne et l'hirondelle sont des oiseaux migrateurs.
8. Les repas familiaux sont l'occasion de retrouvailles chaleureuses.
9. J'ai les cheveux longs et les yeux clairs.
10. En maternelle, les élèves ont des récréations plus longues que ceux de l'école primaire.

À partir du CM1

1 Il faut économiser les ressources naturelles de la Planète en privilégiant les énergies renouvelables.

2 Les habitants des villages environnants se sont portés volontaires pour nettoyer les plages polluées.

3 Ces conducteurs sont prudents ; ils roulent à allure modérée et ils respectent les panneaux réglementaires.

4 Une brume épaisse perturbe les liaisons aériennes ; seuls de rares avions parviennent à décoller.

5 C'est l'hiver ; une épaisse couche de neige recouvre les étroits trottoirs. Les habitants restent enfermés et attendent, bien au chaud, des jours meilleurs.

6 De nombreux jeunes aiment danser sur la musique rap. Ils exécutent des mouvements souples et rapides en suivant les battements de mains des spectateurs attentifs.

À partir du CM2

1 **La beauté des parcs naturels.**
Dans les parcs naturels, la nature est protégée. On peut donc parcourir les sentiers balisés, admirer la beauté d'un coucher de soleil ou la pureté des torrents tumultueux. L'agilité des chamois et le vol des grands éperviers surprennent toujours les habitués de ces longues marches.

2 **Un skieur débutant.**
Le grand jour est arrivé : Mathis va apprendre à skier. Il choisit des skis courts pour mieux descendre les pistes bleues et vertes. Il s'équipe pour l'occasion : gants fourrés, épaisses chaussettes et lunettes noires pour protéger du soleil ses yeux fragiles.

3 **Un pique-nique estival.**
Amélie et ses fidèles amis sont partis au bord du lac de Chambon pour la journée. Ils ont emporté tout ce qu'il faut pour déjeuner sur l'herbe : salade composée, saucisses sèches, œufs durs, tartes salées, fruits et biscuits sucrés. Ils ne mourront pas de faim !

4 **De nouveaux modes d'élevage.**
Les vaches et les petits veaux passent les longues journées d'été seuls au milieu de vastes prairies. Les vaches laitières sont traites en plein air et d'immenses camions viennent au bord du pré recueillir leur lait. Il paraît que, de cette façon, les animaux sont plus vigoureux et moins souvent malades.

5 **Jour de Grand Prix.**
Les voitures rouges, bleues et jaunes sont alignées sur la ligne de départ. Les pilotes, les mains posées sur leur volant, font ronfler leurs puissants moteurs. Chacun attend que s'allument les feux verts pour le départ. Enfin, dans d'épais nuages de fumée noire, les majestueux bolides s'élancent.

25 LE PARTICIPE PASSÉ EN *-É* OU L'INFINITIF EN *-ER*

• Il ne faut pas confondre le participe passé en **-é** avec l'infinitif en **-er** des **verbes du 1er groupe**.
participe passé : terminé infinitif : terminer

• Le participe passé en **-é** peut être remplacé par le **participe passé d'un verbe du 3e groupe**, comme **pris, fait**... :
J'ai terminé mon travail. (J'ai fait mon travail.)

• L'infinitif en **-er** peut être remplacé par **l'infinitif d'un verbe du 3e groupe**, comme **prendre, faire**...
J'ai encore un travail à terminer. (J'ai encore un travail à faire.)

⚠ Lorsqu'il est employé comme adjectif, **le participe passé s'accorde en genre et en nombre** avec le nom qu'il accompagne.
des fleurs fanées – des pulls tricotés

À partir du CE1

1. L'animal blessé est au bord de la route.
2. Cette valise doit peser dix kilos.
3. Vous avez regardé un film.
4. Qui porte un pantalon troué ?
5. Sophia apprend à nager la brasse.
6. Nous faisons une dictée préparée.
7. Luc a cassé son vélo tout neuf.
8. Quand penses-tu ranger ta chambre ?
9. Il faut jeter cet appareil car il est usé.
10. Un appartement est à louer dans l'immeuble.

À partir du CE2

1. Un bon chasseur doit savoir chasser sans son chien.
2. Je dois vérifier tous mes calculs.
3. À Paris, les touristes s'empressent d'aller voir la tour Eiffel.
4. Le témoin interrogé dit avoir vu le voleur.
5. Si tu veux te lever tôt, il faudra te coucher de bonne heure.
6. La monitrice de la colonie a décidé d'organiser un grand jeu de piste.
7. Il est dangereux de traverser une rue sans regarder des deux côtés.
8. Les autruches ne se laissent pas facilement capturer.
9. Les matériaux utilisés dans cette usine sont toxiques.
10. L'avion est cloué au sol par un orage ; les passagers doivent patienter.

À partir du CM1

1 Affolée par les aboiements des chiens, la biche bondit dans les fourrés pour échapper à la meute lancée à ses trousses.

2 Pour transporter ses fruits et ses légumes dans de bonnes conditions, ce maraîcher a acheté un camion frigorifique.

3 Le professeur laisse les élèves chercher pendant quelques minutes, puis il donne la solution, car le problème est vraiment compliqué.

4 La voiture a dérapé sur la chaussée mouillée ; elle a heurté la glissière de sécurité.

5 Les poulets élevés en plein air sont mieux traités que ceux entassés dans des hangars mal aérés et peu éclairés.

6 Favorisé par le tirage au sort, ce joueur d'échecs est arrivé en demi-finale mais il a dû s'incliner devant un redoutable concurrent japonais.

À partir du CM2

1 **Un repas africain.**
On mange sur une natte posée à même le sol. Les convives saisissent la pâte de manioc avec les doigts. Ainsi attablés, ils dégustent sans parler.

2 **Une mauvaise chute.**
Adrien s'est blessé en tombant. Il a du mal à supporter la douleur ; pour la calmer, il s'est allongé sur le canapé et il essaie de penser à autre chose. Le médecin de garde va passer dans la soirée. En attendant, il n'a d'autre choix que de patienter !

3 **Un lapin à l'école.**
Un jour, la maîtresse a apporté une cage en classe. Intrigués, nous nous sommes approchés et, sous la paille, nous avons distingué un lapin nain. « Nous allons étudier son comportement, a déclaré la maîtresse. Il faudra lui donner à manger, nettoyer sa cage et changer son eau. Un volontaire sera chargé de ce travail. »

4 **Le refuge.**
Ce matin, Mélanie a trouvé un chat abandonné. Elle a été touchée par son regard apeuré. Il semblait affamé mais il a d'abord refusé de manger. Comme elle ne pouvait pas le garder, elle l'a confié à un refuge. Elle espère qu'il pourra être adopté, sinon elle va beaucoup s'inquiéter. Elle ne voudrait pas que ce petit animal si mignon soit délaissé.

5 **Les fruits de mer.**
Hier, nous sommes allés sur l'Ile d'Oléron pour ramasser des coquillages. Il a fallu dépasser les parcs à huîtres avant d'arriver au bon endroit pour pêcher des palourdes et des moules. Nous avons marché avec précaution pour ne pas glisser et avons ramassé assez de fruits de mer pour préparer un magnifique plateau.

26 L'ACCORD DU VERBE AVEC LE SUJET

• Le verbe s'accorde **en personne** et **en nombre** avec le mot principal du **groupe sujet**.

• On trouve le groupe sujet en posant la question « **Qui est-ce qui ?** » ou « **Qu'est-ce qui ?** » devant le verbe.

– Le roi des animaux rugit.
Qui est-ce qui rugit ? le roi des animaux : 3e personne du singulier
– Les cloches de l'église retentissent.
Qu'est-ce qui retentit ? → les cloches de l'église : 3e personne du pluriel

⚠ Le groupe sujet peut être placé **après le verbe** ; il y alors inversion du sujet.
Nous découvrons la savane où rugit le roi des animaux.

À partir du CE1

1 L'élève taille ses crayons.
2 Les gourmands adorent le chocolat.
3 La partie de football débute à vingt heures.
4 Tu détestes les carottes râpées.
5 Nous cherchons l'entrée du stade.
6 Les enfants regardent des dessins animés.
7 Noémie répond au téléphone.
8 Le ballon rebondit devant les buts.
9 Je grandis plus vite que mes vêtements.
10 Vous écrivez votre nom en haut de la page puis vous répondez aux questions.

À partir du CE2

1 Le Nil et le Congo coulent en Afrique.
2 Les arbres souffrent de la tempête.
3 Les nageurs luttent contre le courant.
4 Mes parents signent mon bulletin..
5 Le fils de mes voisins joue de l'harmonica.
6 Au mois de mai, nous fermons les robinets des radiateurs.
7 Sans ordonnance, le pharmacien ne délivrera pas ce médicament.
8 Le train de dix heures en provenance de Reims entre en gare.
9 Trois coups de pinceau suffisent pour transformer cette pièce.
10 Les traces que suit le chasseur sont celles d'un énorme sanglier.

À partir du CM1

1 Le terrain, gorgé par les pluies, ne permet pas le bon déroulement du match ; il faudra rejouer dimanche prochain.

2 Les volcans rejettent de grandes coulées de lave rouge, crachent d'épaisses fumées grises et projettent des cendres brûlantes.

3 Au pied du sapin se cache, comme par miracle, une tortue de terre ; qui aurait pensé trouver cet animal au pied de ce résineux ?

4 Au cirque, les otaries jonglent avec des chapeaux, les caniches marchent sur leurs nageoires et le magicien transforme une colombe en lapin blanc.

5 Quand le soleil printanier pointe son nez, je me rends dans le jardin et j'observe les premières violettes. Elles offrent leurs belles couleurs et dégagent leur agréable parfum. Les rigueurs du froid s'éloignent.

6 Les spectateurs attendent depuis trois heures le passage des coureurs du Tour de France. Ils se protègent du soleil avec des casquettes et des parasols. Soudain, l'un d'eux s'écrie : « Les voilà, ils grimpent la côte ! »

À partir du CM2

1 **Que faire de nos déchets ?**
Chaque jour, les familles françaises déposent des kilos d'ordures ménagères dans leurs poubelles. Des camions ramassent ainsi des tonnes de déchets qu'il faut brûler ou enfouir dans des fosses au risque de contaminer les nappes d'eau. À cela s'ajoutent les produits que rejettent les usines.

2 **Un fruit délicieux.**
Le pomélo jaune ou rose est un cousin du pamplemousse. Son épaisse peau le préserve de la chaleur. Associées à de petits morceaux d'avocat, les fines tranches de pomélo vous garantissent un mets succulent.

3 **À la retraite.**
La grand-mère de Paul vit dans une maison de retraite. Régulièrement, la famille lui rend visite et prend de ses nouvelles. « Vous m'ennuyez avec vos questions ; je me porte comme un charme. Avec mes amies, nous faisons de longues promenades et je lis toujours sans lunettes ; vous ne pouvez pas tous en dire autant ! »

4 **Spiderman, l'homme-araignée.**
Cinq doigts d'acier agrippent le rebord de la façade et hissent ce corps où se gonflent les muscles tendus par l'effort. Les pieds cherchent un nouvel appui. L'homme gagne de la hauteur, s'accroche et poursuit son escalade. Arrivé sur la terrasse, il aperçoit son pire ennemi. Une lutte féroce s'engage.

5 **La télévision.**
Quand nous rentrons de l'école, nous avalons notre goûter à toute vitesse pour ne pas manquer les aventures de Malinka, le charmeur de serpents. Nous restons les yeux rivés sur l'écran, terrifiés par les dangers qui guettent notre héros. Mais maman ne partage pas notre fascination : « Vous feriez mieux d'apprendre vos leçons ! »

27 L'ACCORD DU PARTICIPE PASSÉ EMPLOYÉ AVEC L'AUXILIAIRE *AVOIR*

• Le participe passé employé avec l'auxiliaire **avoir** ne s'accorde jamais avec le sujet du verbe.
La candidate a donné les réponses. Les candidats ont donné les réponses.
Il a cueilli des pommes. Elles ont cueilli des pommes.

Pour aller plus loin

• Le participe passé employé avec l'auxiliaire **avoir** s'accorde avec le complément d'objet direct si celui-ci est placé **avant le verbe**.
Les réponses que le candidat a données étaient correctes.
Le COD **« que »**, mis pour « les réponses », est placé avant le verbe.

Les pommes qu'il a cueillies.
Le COD **« qu' »**, mis pour « les pommes », est placé avant le verbe.

À partir du CE1

1 Nous avons mangé des frites.
2 J'ai décapsulé les bouteilles.
3 La bougie a brûlé toute la soirée.
4 Nous avons loué une voiture.
5 Tu as enfilé ton pull à l'envers.
6 Les clients ont attendu devant la caisse.
7 Qui a appelé les pompiers ?
8 L'équipe de France a marqué trois buts.
9 Le client a annulé sa commande.
10 Le jardinier a arrosé les plantations.

À partir du CE2

1 J'ai assisté à une course automobile.
2 Les astronomes ont observé une nouvelle comète.
3 Les trains ont circulé malgré la tempête.
4 La grue a déplacé un énorme bloc de pierre.
5 As-tu bien enregistré tes documents ?
6 Les étudiants ont fini leur journée.
7 Les pompiers ont lutté toute la nuit pour éteindre l'incendie.
8 La partie a débuté par un un but surprise.
9 À marée haute, les rochers ont complètement disparu.
10 Les chercheurs d'or ont bien caché leurs pépites. Les bandits n'ont pas réussi à les retrouver.

À partir du CM1

1 Les professeurs ont programmé la visite des marais salants proches de notre école. Nous y avons vu comment les paludiers travaillaient.

2 Sébastien n'a pas vérifié la date limite de consommation des yaourts avant de les placer dans son chariot.

3 Pour mon anniversaire, mes amis m'ont offert des cadeaux ; ils m'ont fait plaisir.

4 Même si elles étaient rapprochées, le skieur suédois a franchi les dernières portes sans problème ; il a remporté l'épreuve.

5 Hier soir, nous avons regardé une émission qui détaillait tous les préparatifs d'une expédition polaire.

6 J'ai sûrement perdu mes clés lorsque je suis descendu(e) de voiture ; je ne les retrouve plus.

À partir du CM2

1 **Le réveil du Piton de la Fournaise.**
Des gerbes brûlantes ont jailli du cratère. Les entrailles terrestres ont alors projeté des laves bouillonnantes qui ont dévalé les pentes déjà calcinées par une récente éruption. La masse volcanique a ensuite frémi comme un taureau furieux et a grondé longuement.

2 **Les bûcherons.**
Lors d'une promenade en forêt, nous avons aperçu des bûcherons qui abattaient un énorme chêne. Nous avons attendu pour le voir tomber. Après avoir scié une partie du tronc, ils ont enfoncé des coins pour diriger la chute. Le chêne s'est alors couché dans un fracas de branches brisées.

3 **École en travaux.**
La façade de l'école était en si mauvais état que la mairie a décidé de la faire repeindre. Les ouvriers ont construit un échafaudage et ils ont installé des barrières par mesure de sécurité. Pendant toute la durée des travaux, nous avons dû entrer par la porte de secours.

4 **Migration.**
Les cygnes sauvages ont volé toute la nuit. À l'aube, ils ont tournoyé au-dessus des étangs gelés que la neige a recouverts d'une épaisse couche blanche. Ils ont ainsi trouvé un refuge provisoire. Quand ils auront récupéré toutes leurs forces, ils chercheront un peu de nourriture, puis ils repartiront.

5 **Le permis de conduire.**
Quand elle a eu dix-huit ans, Nora a pu passer son permis de conduire. Elle a suivi les conseils que lui a donnés le moniteur de l'auto-école et elle a étudié le code de la route. Le jour de l'examen, sous le regard de l'examinateur, Nora a ralenti quand il le fallait, elle s'est garée correctement, elle a respecté les priorités, bref, elle a réussi !

28 L'ACCORD DU PARTICIPE PASSÉ EMPLOYÉ AVEC L'AUXILIAIRE *ÊTRE*

Le participe passé employé avec l'auxiliaire **être** s'accorde **en genre et en nombre** avec le **sujet** du verbe.

Le document est imprimé : sujet au masculin singulier

Les documents sont imprimés : sujet au masculin pluriel

La lettre est imprimée : sujet au féminin singulier

Les lettres sont imprimées : sujet au féminin pluriel

À partir du CE1

1 Léonard de Vinci est né en Italie.
2 Alice est rentrée à Paris.
3 Cette pièce est bien chauffée.
4 Adeline est tombée de sa chaise.
5 Les trains sont partis à l'heure.
6 Cette rue est barrée à cause des travaux.
7 Mes voisins sont rentrés chez eux.
8 Ces objets ont été fabriqués en Chine.
9 Des taches de fruits sont restées sur la nappe.
10 Les poupées en porcelaine sont devenues rares.

À partir du CE2

1 Les premiers mots de ce texte sont effacés.
2 Les chevaux sont allongés devant le dresseur.
3 Les fraises sont servies dans des bols.
4 Les rois de France étaient couronnés à Reims.
5 Les aventures de *Croc Blanc* sont nées de l'imagination de Jack London.
6 La connexion Internet est limitée à quinze minutes.
7 La statue du parc municipal est entourée d'un magnifique parterre fleuri qui est très bien entretenu.
8 Pourquoi de nombreux élèves se sont-ils absentés vendredi dernier ? Sont-ils excusés ?
9 Pour décharger, les camionnettes sont arrêtées et garées au milieu de la chaussée.
10 Le site de prévisions météo s'est encore trompé ; il a donné de fausses informations et il a plu toute la journée.

À partir du CM1

1 Les lions ont attrapé une malheureuse gazelle et se sont acharnés sur elle.

2 La classe est allée chercher du muguet dans les bois. Un groupe est parti de son côté et a rapidement trouvé des brins. Un autre groupe en a ramassé dans la clairière.

3 Mes grands-parents sont fatigués de leur voyage. Ils sont rentrés tard dans la nuit et ont mis du temps à rejoindre leur domicile.

4 La chanteuse est attendue par une foule d'admirateurs ; ils veulent qu'elle signe des autographes. Certains souhaitent être photographiés à ses côtés.

5 Sur cette chaîne, les films sont toujours entrecoupés par de la publicité ; ils sont souvent interrompus en plein milieu d'une scène palpitante.

6 Les sauveteurs sont envoyés d'urgence dans les zones dévastées par le cyclone. Devant la montée des eaux, certains habitants se sont réfugiés sur les toits de leurs maisons. Les blessés sont évacués par hélicoptère.

À partir du CM2

1 **Loin du bruit.**
Sarah vit en ville mais elle est attirée par la nature. Elle trouve que les rues sont polluées et encombrées et que les immeubles sont noircis par la fumée. À la campagne, elle estime que la vie est moins compliquée et que les gens sont moins pressés.

2 **Sur le port.**
Les porte-conteneurs sont chargés selon un plan précis. La cargaison est répartie avec minutie et les marchandises les plus lourdes sont installées au milieu du navire. Les fixations sont vérifiées avant le départ car, si l'une d'elles venaient à céder, le cargo serait déséquilibré.

3 **Une baignade rafraîchissante.**
Lorsque la nageuse est arrivée au bord de l'eau, elle s'est penchée pour y tremper ses doigts. Elle a constaté qu'elle était glaciale, d'ailleurs personne ne se baignait. Malgré tout, elle a pris son courage à deux mains et elle s'est jetée dans les vagues.

4 **Le Père Noël.**
Comme le petit frère de Théo croit encore au Père Noël, toute la famille a placé ses chaussures au pied du sapin, puis les enfants sont allés se coucher. Le lendemain, tous sont descendus en courant ; ils ont constaté que le Père Noël était passé et que les cadeaux étaient bien arrivés.

5 **Un coup de cœur.**
Dimanche dernier, mes parents sont allés à la brocante. Ils ont été étonnés par la quantité d'objets exposés. Ma mère est tombée en arrêt devant une commode ancienne. Comme le vendeur a vu qu'elle était intéressée, il lui a vanté les qualités de son meuble : « Elle a été fabriquée en 1870, et elle est très bien conservée. »

29 LES HOMONYMES : NOM OU VERBE ?

• Certains noms communs ont la même prononciation que des verbes conjugués : ils sont **homonymes**. Souvent, ils n'ont pas la même orthographe.

Ne marche pas dans la boue. — L'eau bout dans la casserole.
Justine lit un conte de fées. — Jordan compte sur notre aide.

• Pour les distinguer, on essaie de placer **un déterminant devant le nom** et **un pronom sujet devant le verbe**.

un compte en banque — je compte

À partir du CE1

1 La caissière rend la monnaie au client.
2 Il est assis au premier rang.
3 Le joueur pousse son pion.
4 Le pouce est le plus petit des doigts.
5 Isabelle doit faire ses devoirs.
6 Le fer à repasser est-il chaud ?
7 Le vent du nord souffle en rafales.
8 Mon oncle vend sa voiture.
9 Si tu coupes cette branche avec ta scie, elle va tomber.
10 Elles marchent lentement, puis elles escaladent les marches.

À partir du CE2

1 Étourdi, Hugo perd sa paire de gants.
2 Allongé sur ton lit, tu lis le journal.
3 Yvon n'est pas sûr, mais il croit qu'il faut placer une croix dans la bonne case.
4 Je ne sais pas combien vaut ce rôti de veau.
5 Cette plaie est profonde ; cela ne plaît guère au médecin.
6 Il tend la corde de son arc et prend son temps pour viser la cible.
7 Ce résultat est faux ; il faut prendre ta calculatrice pour rectifier ton erreur.
8 À la vue du riz brûlé, le cuisinier ne rit pas du tout.
9 Le marathonien sent qu'il va devoir s'arrêter dans cent mètres. Il s'est coupé le pied et le sang coule beaucoup.
10 Jules court pour arriver à l'heure à son cours d'anglais. Le délai est un peu court mais il devrait y arriver.

À partir du CM1

1 Le boxeur s'est pris un coup en pleine face et il a le nez cassé : il faut qu'il fasse preuve de patience avant de reprendre le combat.

2 Ce conducteur fait le plein de son réservoir ; il se plaint, car il trouve que le prix de l'essence est trop élevé.

3 Mon père voit un énorme camion rayer l'aile de sa voiture ; il reste sans voix.

4 Adeline plie les feuilles en huit puis, le long des plis, elle trace des lignes rouges ou vertes.

5 Louisa prie le vendeur de bien vouloir lui indiquer le prix des différents modèles d'ordinateurs portables.

6 Il fait si froid que l'eau gèle dans les bassins. La nature est en danger ; le gel a détruit de nombreux bourgeons.

À partir du CM2

1 Vol d'oiseaux.
Avec un peu de chance, l'automne venu, on aperçoit le vol des cigognes. Elles volent en direction des pays chauds.

2 Le tri sélectif.
Pour favoriser le recyclage, je trie les déchets ménagers. J'effectue un tri méthodique en distinguant le verre, les emballages en plastique et les restes alimentaires. Ces derniers forment un compost, détruit par les vers.

3 L'impasse.
Il fait nuit et Quentin voit très mal. C'est ainsi que, par erreur, il emprunte une voie sans issue. Il avance lentement mais il fait très rapidement demi-tour car il entend des voix étranges qui résonnent non loin de là.

4 Le loto.
Mon grand-père veut gagner à tout prix au loto. Chaque semaine, il fait un vœu avant d'acheter son ticket. Il a le soutien de ma grand-mère qui prie pour que les six bons numéros sortent, même si elle lui soutient qu'il faudra beaucoup de chance !

5 L'heure du ramonage.
Comme il a fait du feu tout l'hiver, monsieur Larpin doit ramoner sa cheminée pour en ôter la suie. Il a acheté un produit spécial pour décaper le conduit et suit les indications sur la notice. Il finit par avoir les doigts tout noirs.

6 Une future cantatrice.
Bérénice se rend à des cours de chant depuis l'âge de sept ans. Son professeur lui apprend à poser sa voix pour ne pas fatiguer ses cordes vocales. Elle voit qu'elle a progressé ! Elle espère bien gagner un prix au prochain concours national et prie chaque jour pour que son vœu se réalise.

30 À ET A

Il ne faut pas confondre **a** et **à** :
– **à** est une **préposition invariable :**
aller à l'école – un stylo à bille
– **a** (sans accent) est la forme conjuguée du verbe **avoir**.
On peut la remplacer par une autre forme : **avait, aura**...
Comme Kevin a (avait- aura) un anorak, il a (avait-aura) moins froid.

⚠ À la 2e personne du singulier du présent de l'indicatif, la forme conjuguée du verbe ***avoir*** s'écrit as.
Comme tu as un anorak, tu as moins froid.

À partir du CE1

1 Théo a mal au ventre.
2 La voiture tourne à droite.
3 Julie a un téléphone portable.
4 Ce lapin a de grandes oreilles.
5 Emma a un nouveau sac de sport.
6 Mon voisin a une trottinette.
7 Mon petit frère a un livre à lire.
8 La sœur de Pierre a des achats à faire.
9 Mon cousin Lucas a un bateau à voiles.
10 Quentin a un devoir de français à terminer.

À partir du CE2

1 Qui a gagné le gros lot à la loterie ?
2 Mon grand-père a dîné à dix-neuf heures.
3 Le voyageur a une énorme valise à roulettes.
4 Ma mère a fait cuire les pommes de terre dans une poêle à frire.
5 Le maître a oublié de fermer la porte à clé.
6 L'agriculteur a placé son tracteur à l'intérieur du hangar.
7 Ce feuilleté à la viande et à la tomate est délicieux.
8 La maman de Jade a garé sa voiture et a acheté un gâteau à la crème.
9 Dans sa trousse à pharmacie, l'infirmière a tout ce qu'il faut pour secourir les blessés.
10 Madame Legrand a une lettre importante à retirer à la poste. Elle doit faire la queue à l'heure du déjeuner pour la récupérer.

À partir du CM1

1. À la veille des fêtes de fin d'année, le vendeur a rempli les rayonnages.

2. Amandine a l'esprit captivé par son livre ! L'auteur a de l'imagination et le héros a du souci à se faire car il va vivre des aventures à rebondissements.

3. Au départ de la course, Manu a de l'énergie à revendre. Il a écouté les conseils de son entraîneur et il a l'espoir de terminer parmi les premiers.

4. Madame Milou a demandé à ses voisins d'arroser ses plantations pendant qu'elle sera à Londres. Elle a plusieurs plantes d'intérieur et des bacs à fleurs sur le balcon.

5. Ma grand-mère a une passion : le chocolat à croquer ! Lorsqu'elle a un petit creux, elle déguste un à un des carrés de chocolat noir, le meilleur à son goût.

6. Il y a une statue en marbre à côté de la mairie. Elle représente un soldat à cheval, une arme à la main. Ce monument a été élevé à la mémoire des soldats victimes de la guerre.

À partir du CM2

1. **L'anniversaire.**
Aujourd'hui, Solène a dix ans et elle a invité ses amies qui lui ont apporté des cadeaux. Elle a du mal à cacher sa joie.

2. **Un sac à puces.**
Depuis qu'il a caressé Babouche, le chat de ses voisins, Yanis ne cesse de se gratter. Cela a débuté par les bras et, à présent, cela gagne le dos. Pas de doute, Babouche a des puces !

3. **Une mauvaise panne.**
Hier, la voiture de monsieur Lacroix est tombée en panne. Le moteur s'est arrêté net. Le garagiste a soulevé le capot et sorti sa trousse à outils. Malgré tous ses efforts, il n'a pas pu la réparer sur place.

4. **La cérémonie de mariage.**
La mariée a une jolie robe blanche et son futur mari un costume gris. Le cortège s'avance à travers le village. À la sortie de la mairie, les enfants jettent des grains de riz à la volée pour leur porter bonheur.

5. **Au théâtre.**
Sur la scène du théâtre, on a installé les éléments du décor. Les cloisons et le mobilier sont fabriqués avec des matériaux très légers, faciles à déplacer. Les techniciens n'ont qu'à les faire glisser sur les rails. À la fin du spectacle, tout est rangé dans les coulisses.

31 ET ET EST

Il ne faut pas confondre **et** et **est** :
– **et** est un mot de liaison (une conjonction de coordination).
On peut le remplacer par **et puis**.
Pierre prend son téléphone et (et puis) compose un numéro.
– **est** est la forme conjuguée du verbe **être**. On peut la remplacer par une autre forme : **était**, **sera**...
Le téléphone est (était) déchargé.

⚠ À la 2e personne du singulier du présent de l'indicatif, la forme conjuguée du verbe **être** s'écrit **es.**
Tu es au téléphone.

À partir du CE1

1 Fabien et Anna partent au Canada.
2 Cette route est dangereuse.
3 Huit est un nombre pair.
4 Cette vieille maison est à vendre.
5 Tu plies le torchon et la serviette.
6 Cette histoire est amusante.
7 Le tube de colle est vide.
8 Ce film est long et ennuyeux.
9 Le couteau est pointu et tranchant.
10 La rue est interdite aux camions et aux autobus.

À partir du CE2

1 Tu es rouge de colère et tu ne te contrôles plus.
2 Comme il pleut, il est temps de rentrer et de se mettre à l'abri.
3 La directrice est dans la cour et elle surveille le départ des élèves.
4 Notre nouveau professeur de danse est jeune et dynamique.
5 Coralie est impatiente de sortir et d'aller jouer au basket.
6 Manu est souvent en retard et cela énerve ses parents.
7 C'est à sept heures que je me lève chaque matin ; et toi ?
8 L'acrobate est en équilibre sur un fil et il jongle avec six balles.
9 Le dentiste de mon quartier est sérieux et, avec lui, on n'a jamais mal.
10 Le pelage de mon chat est doux et je passe des heures à le caresser.

À partir du CM1

1 La baguette à la main, le chef d'orchestre est face aux musiciens et la répétition peut commencer.

2 Avec un ordinateur et une imprimante, il est facile de rédiger un texte et d'en faire plusieurs copies.

3 L'enquête des policiers est au point mort. Le voleur de bijoux court toujours et doit être bien loin à l'heure qu'il est.

4 Le travail des agents sur l'autoroute est fatigant et dangereux : un accident est vite arrivé. Il est indispensable de prendre toutes les mesures de sécurité.

5 Au sommet du col, le premier coureur est épuisé et il demande à boire aux spectateurs. Il sait qu'il reste du chemin à parcourir et que l'étape est loin d'être terminée, mais il est confiant.

6 Quand Adrien est en vacances et quand il fait beau, il téléphone à son copain. Ils prennent leur vélo et ils se rendent au parc voisin où une piste est réservée aux cyclistes. C'est mieux que de rester enfermés !

À partir du CM2

1 **Le joueur matinal.**
Tu es en avance et la porte de la salle de sport n'est pas encore ouverte. D'ailleurs, tu es le seul joueur de ton équipe à te présenter si tôt. Tu devras t'assoir sur un banc et attendre l'arrivée du gardien.

2 **Les vacances de février.**
En Savoie, la neige est au rendez-vous ; elle recouvre toute la vallée et les flancs de la montagne. Le responsable de la station de ski est optimiste car les chalets et les appartements sont tous loués ; si le soleil veut bien se montrer, ce sera parfait.

3 **L'anniversaire.**
Pour son anniversaire, Lilian a invité tous ses camarades d'école et les amis de son frère. Tous sont arrivés à l'heure, sauf Yann qui s'est trompé d'adresse ! Ce n'est pas grave, mais il a manqué le premier jeu. Alors, il compte les points et fait l'arbitre. Il espère bien se rattraper avec le dessert et les boissons.

4 **Un beau voyage.**
L'oncle de Muriel est ingénieur et travaille sur le chantier de construction d'un barrage en Chine. Pour les vacances, il a invité sa nièce à venir passer trois semaines dans ce pays ; elle est ravie. Ce matin, Muriel est à l'aéroport et elle enregistre ses bagages avant de monter dans l'avion pour Pékin.

5 **Au supermarché bio.**
Ici, on peut acheter des produits sains et naturels. Le poisson est frais car il a été livré le matin même ; la viande est garantie sans conservateurs et les légumes n'ont pas été traités avec des engrais chimiques. En plus, les desserts et les glaces sont vendus à des prix raisonnables.

32 ON ET ONT

Il ne faut pas confondre **ont** et **on** :
– **ont** est la forme conjuguée du verbe **avoir.** On peut la remplacer par une autre forme : **avaient, auront**...
Les oiseaux ont (avaient) des plumes.
– **on** est un **pronom personnel**. On peut le remplacer par un autre pronom personnel : **il, elle**...
On (il) donne des graines aux oiseaux.

⚠ Quand **on** est le sujet d'un verbe commençant par une voyelle, on n'entend pas la différence entre la forme affirmative (**on**) et la forme négative (**on n'**), puisque dans le premier cas il y a une liaison. Pour faire la différence, on peut remplacer **on** par un autre pronom.

On (il) écoute le chant des oiseaux. On n'écoute pas (il n'écoute pas)...

À partir du CE1

1. Ces joueurs ont de la chance.
2. Les arbres ont des bourgeons.
3. On ouvre les fenêtres.
4. En été, on profite du soleil.
5. À la vue du loup, on crie très fort.
6. Mes sœurs ont une console de jeux.
7. On attend le début de l'émission.
8. Les chiens ont des os à ronger.
9. Ces cahiers ont une couverture cartonnée.
10. Lorsqu'on est heureux, on rit et on chante.

À partir du CE2

1. Les danseuses ont une belle tenue.
2. On a le droit de voter dès l'âge de dix-huit ans.
3. Pour Noël, les magasins ont de belles vitrines.
4. On colle des affiches sur tous les murs du quartier.
5. Quand l'ascenseur est en panne, on prend l'escalier.
6. Ces champignons ont un goût bizarre ; on devrait se méfier.
7. On constate que les travaux ont pris du retard.
8. Les éléphants d'Afrique ont de grandes oreilles ; si on les observe bien, on ne peut pas les confondre avec ceux d'Asie.
9. On envoie des vivres et des médicaments à ceux qui ont tout perdu.
10. Ces acteurs ont des lunettes noires pour qu'on ne puisse pas les reconnaître.

À partir du CM1

1 On n'ose pas consommer les poissons qui ont un aspect peu appétissant.

2 Cette année, les moissons ont débuté début juillet, car les épis de blé ont mûri plus vite que prévu. On pense que la récolte sera abondante.

3 Lorsqu'on va à la piscine de mon quartier, on est toujours surpris par la clarté de l'eau ; les filtres ont bien fonctionné.

4 On ne saura jamais pourquoi les dinosaures ont disparu de la surface de la Terre il y a plusieurs millions d'années.

5 On signale un bouchon de plusieurs kilomètres sur l'autoroute. Ma mère pense qu'on ferait mieux de prendre les routes nationales qui ont l'avantage d'être dégagées.

6 On ne sait pas comment les hommes préhistoriques ont découvert l'utilisation du feu. On suppose qu'un jour d'orage, la foudre s'est abattue sur des arbres qui ont pris feu, mais on n'est sûr de rien.

À partir du CM2

1 **Une course mouvementée.**
Les voitures ont pris place sur la ligne de départ. Dans un bruit infernal, elles ont démarré au feu vert. Les Ferrari ont rapidement plusieurs longueurs d'avance. On attend avec impatience l'arrivée des champions.

2 **Le tabac, non merci !**
Désormais, on ne peut plus fumer à l'intérieur des lieux publics. On retrouvera un air plus sain et on rencontrera sûrement moins de gens gênés par la fumée de leurs voisins.

3 **Les inondations.**
Depuis une semaine, il pleut sans discontinuer. Les rivières ont quitté leur lit et on peut voir les prairies inondées. Les animaux ont abandonné les pâturages et ont regagné leur étable. On attend la décrue pour dimanche.

4 **Effets de mode.**
Aujourd'hui, les adolescents ont pris l'habitude de suivre la mode. On voit ainsi des jeunes porter des jeans slim aux couleurs provocantes. « On aura tout vu », commentent leurs parents.

5 **Il faut y croire !**
Quand on s'en donne la peine, on peut réaliser des exploits. Certains ont ainsi remporté de grands défis humains ou sportifs. Ils ont dépassé leurs limites et leurs peurs pour accomplir leurs rêves. On doit toujours croire en ses capacités !

6 **Le quartier change.**
Depuis longtemps, on voit le quartier se vider de ses habitants, car le sol n'est pas stable. Les maisons s'écroulent et on dit qu'une catastrophe peut arriver à tout instant. Les ingénieurs ont décidé de raser les immeubles et des engins monstrueux ont envahi les rues.

33 SON ET SONT

Il ne faut pas confondre **sont** et **son**.
– **sont** est la forme conjuguée du verbe **être.** On peut la remplacer par une autre forme : **étaient, seront**...
Les bateaux sont (étaient) au port.
– **son** est un **déterminant possessif**. On peut le remplacer par un autre déterminant : **le, un**...
Arthur prend son (le) stylo.

⚠ Devant un nom féminin débutant par une voyelle ou un **h muet**, on emploie le déterminant **son** à la place de **sa**.
Il saisit son épée. Le bateau perd son hélice.

À partir du CE1

1 Martin range son classeur.
2 Mes amis sont à l'heure.
3 Le renard est dans son terrier.
4 Les frites ne sont pas salées.
5 La tablette est dans son étui.
6 Les campeurs sont sous leur tente.
7 Ces appartements sont à louer.
8 Les nouvelles ne sont pas bonnes.
9 Abdel écoute son chanteur préféré.
10 Il n'a pas voulu me donner son nom.

À partir du CE2

1 Valérie range son violon avec le plus grand soin.
2 Ces arbres sont vraiment gigantesques.
3 On lui a volé son scooter et son casque !
4 Cédric et son frère sont dans la même classe.
5 Thierry passe son temps à jouer sur l'ordinateur.
6 Quand le boucher ouvre son magasin, les clients sont déjà là.
7 Les nuages sont menaçants, alors Elsa ouvre son parapluie.
8 Les clients sont amusés par le perroquet sur son perchoir.
9 Sans son dictionnaire, Mélanie a du mal à compléter son devoir d'orthographe.
10 Élise prépare son gâteau préféré ; ses parents sont toujours étonnés de la voir savourer ce dessert avec autant de plaisir.

À partir du CM1

1 Le Brésil et l'Italie sont en finale de la coupe du monde. Chacun retient son souffle, car les deux équipes sont à égalité à quelques minutes de la fin de la partie.

2 M. Roger prend soin de son jardin. Ses haies sont bien taillées, son potager est superbe et ses fleurs sont magnifiques. Tous ses voisins sont jaloux !

3 Le clown entre en piste pour faire son numéro avec son pantalon trop large et son gros nez rouge. Ses chaussures sont immenses.

4 Les scientifiques sont inquiets car la pollution ne cesse de s'aggraver. Si des mesures strictes ne sont pas prises, certaines espèces et nos propres vies sont menacées.

5 M. Dumas et son fils ont pris l'ascenseur. Soudain, les lumières se sont éteintes et l'ascenseur s'est arrêté. Le père a gardé son calme et il a appuyé sur le bouton de la sonnerie. Son appel a été entendu et des techniciens sont venus les délivrer.

6 La gymnaste est impressionnante ! Elle croise les jambes derrière son cou. Elle avance sur les mains, glisse sur son ventre. Ses membres sont élastiques. Les juges sont impressionnés par sa souplesse et son talent.

À partir du CM2

1 **L'oncle Antoine.**
Mon oncle Antoine apprécie la compagnie. Son plus grand bonheur est de recevoir ses amis d'enfance. Quand ils sont réunis, tous sont heureux de se raconter leurs souvenirs.

2 **Déviation.**
En raison des travaux, Marco doit modifier son parcours pour se rendre à l'école. Toutes les rues habituelles sont coupées et il faut emprunter la déviation. Mais sur ses rollers, Marco va plus vite que son ombre.

3 **Les grands préparatifs.**
La veille des grands matchs, Rudy prépare son sac de sport et son matériel. Ses chaussures sont lacées avec soin et les crampons sont bien vissés. Il ajoute son short et son maillot et n'oublie jamais de glisser son écharpe fétiche au fond de son sac !

4 **Le distributeur automatique.**
Comme les clients sont nombreux, un deuxième distributeur de billets est en service à l'entrée de la banque. Chacun introduit sa carte bancaire, compose son code secret, tape le montant de son retrait, puis les billets sont délivrés.

5 **Un petit compagnon.**
Éva adore son petit chat. Avec son air coquin et son pelage tout doux, il attire tous les regards. Quand Éva rentre de l'école, son petit compagnon l'attend sur son bureau. Il vient se frotter contre son front pour lui dire bonjour.

34 OU ET OÙ

Il ne faut pas confondre **ou** et **où** :
– **ou** (sans accent) est un petit mot de liaison (une conjonction de coordination). On peut le remplacer par **ou bien**.
Tu regardes un film ou (ou bien) tu lis.
– **où** est un **pronom** ou un **adverbe**. Il indique le lieu, la situation.
Voici le quartier où j'habite.
Où voulez-vous aller ?
Où que tu sois, je te rejoindrai.

⚠ **Où** peut parfois indiquer le temps.
À la seconde où la sonnerie retentit, nous sortons.

À partir du CE1

1. Vanille ou chocolat ? Quel parfum préfères-tu ?
2. Où pars-tu pendant les vacances ?
3. Cédric ne sait pas où il doit aller.
4. Je me demande où il a caché son livre.
5. Prends un fruit ou un yaourt.
6. Connais-tu l'école où Samia étudie ?
7. As-tu un frère ou une sœur ?
8. On va aller à la plage ou à la piscine.
9. Réponds-moi : « C'est oui ou c'est non ? »
10. Au moment où je traverse la rue, une voiture surgit.

À partir du CE2

1. Le 1er mai est le jour où l'on offre du muguet.
2. Quel sport préfères-tu ? Le basket ou le judo ?
3. Peu de gens savent où se trouve la Moldavie.
4. Qu'il pleuve ou qu'il neige, les trains sont à l'heure.
5. Pour clôturer ce terrain, on posera une palissade ou du grillage.
6. Le riz pousse dans des lieux où il y a de l'eau et de la chaleur.
7. Vous pouvez peindre le mur en bleu ou en vert.
8. Pose tes affaires où tu veux ; sur la table ou sur le canapé.
9. Où veux-tu déjeuner ? Au restaurant italien ou au japonais ?
10. Nous ne connaissons pas la ville où vont s'installer nos voisins. Mais nous irons les voir un jour ou l'autre.

À partir du CM1

1 Maman se rend à la clinique où elle doit accoucher. Océane aura bientôt un petit frère ou une petite sœur.

2 Le plombier ne sait pas d'où viennent ces fuites d'eau ; peut-être du robinet ou du joint du lavabo...

3 Le Petit Prince vient d'une planète où poussent de nombreux baobabs. C'est un endroit où les habitants sont étranges.

4 Contes ou romans, Adrien aime tous les types de livres. Où qu'il soit, il trouve toujours un coin pour lire.

5 Patrice se demande où il doit installer son lampadaire pour qu'il éclaire toute sa chambre. Il hésite : près de son bureau ou à côté de son lit ?

6 Le supermarché où nous faisons nos courses est fermé le dimanche. Il faut donc se rendre dans la ville voisine ou effectuer ses achats le samedi.

À partir du CM2

1 **Le retour.**
En juillet ou en août, je retournerai dans le village où j'ai passé mes dernières vacances.

2 **Un aventurier prudent.**
Où qu'il aille, Valentin prend toujours une carte ou un plan pour ne pas s'égarer.

3 **Les lunettes perdues.**
Ma mère ne sait pas où elle a laissé ses lunettes : dans le bureau ou dans la salle de bains ? Elle va devoir retourner dans toutes les pièces où elle est passée ce matin.

4 **Une réunion.**
Cette réunion où se pressent les journalistes sera présidée par le directeur général ou le directeur adjoint. Mais personne ne sait exactement où elle aura lieu. Il faut trouver un endroit où accueillir tout le monde.

5 **Le Sahara.**
Il y a six-mille ans, le Sahara était une région fertile, aux forêts verdoyantes où se cachait le gibier. Des peintures sur les roches montrent des hommes garder leurs moutons ou chasser la girafe. À la suite de changements climatiques, le Sahara est devenu un désert où ne vivent que des nomades.

6 **Au Salon du livre.**
Samedi, Rémi se rend au Salon du livre de jeunesse avec son père. Il adore parcourir les allées où il découvre des piles d'albums ou de bandes dessinées. Comment choisir entre tous ces livres ? Il s'arrête devant un stand où un illustrateur dédicace son album.

35 CES ET SES

Il ne faut pas confondre **ses** et **ces** :
– **ses** est un **déterminant possessif**. On peut le remplacer par un autre déterminant possessif : **mes, sa, son...**
Il lace ses chaussures.
Je lace mes chaussures.
– **ces** est un **déterminant démonstratif**. On peut le remplacer par un autre déterminant démonstratif : **ce, cet, cette...**
Je choisis ces livres.
Je choisis ce livre.

À partir du CE1

1 Le fermier conduit ses vaches à l'abreuvoir.
2 Diego aime beaucoup ces tableaux.
3 Madame Guy ne voyage jamais sans ses lunettes.
4 Arrête de faire ces grimaces !
5 Ces gâteaux sont très appétissants.
6 L'hirondelle nourrit ses petits.
7 Thomas a écrit une lettre à ses grands-parents
8 Marie veut couper ses cheveux très courts.
9 Comme ces montagnes sont impressionnantes !
10 Aimes-tu ces chaussures à talons plats ?

À partir du CE2

1 Où avez-vous acheté ces jeux?
2 L'infirmière a un mot gentil pour chacun de ses malades.
3 Ces empreintes sont certainement celles d'un dinosaure.
4 L'explorateur raconte ses aventures dans la jungle.
5 Faites très attention car ces escaliers sont glissants.
6 Ces sentiers mènent au bois et au château.
7 Il ne faut pas escalader ces falaises.
8 Méfie-toi de ces concurrents ! Ils peuvent te dépasser.
9 Mon frère est content de ses nouveaux DVD. Il voulait voir ces films depuis un moment.
10 Pourquoi Antoine n'a-t-il pas terminé ses devoirs ? Ses professeurs ne vont pas être contents !

À partir du CM1

1 Regarde ces pauvres gens : ils n'ont ni logement, ni nourriture.

2 Quand l'oncle Picsou compte ses lingots d'or, ses neveux pensent qu'il a une machine à calculer dans la tête.

3 Accompagné de ses parents, Paul se rend dans le bureau du directeur ; il va sûrement être question de ses résultats scolaires.

4 Ces brochures de voyage en Grèce sont alléchantes, mais madame Santoni passera ses vacances en Corse, chez ses cousins.

5 Ces stations de radios programment de la musique pop ; Lola et ses amies aiment bien les écouter durant ces longues soirées d'hiver.

6 As-tu vu ces étranges poupées de porcelaine ? Ma sœur et ses copines en ont peur. Elles les trouvent effrayantes.

Grammaire

À partir du CM2

1 **La bonne élève.**
Eléonore travaille très bien : ses parents sont très contents de ses bons résultats.

2 **SOS planète en danger !**
Ces temps-ci, on parle beaucoup de développement durable. Il s'agit de protéger la planète et ses ressources pour les générations futures. Ces mesures de préservation sont essentielles pour l'avenir.

3 **Une coiffure rebelle.**
Elsa passe longuement ses mains dans ses cheveux puis fouille dans ses poches à la recherche d'un peigne. Elle n'aime pas ses boucles. Elle aimerait bien porter l'une de ces coiffures à la mode !

4 **La course de l'espoir.**
Didier participe à sa première course de l'espoir. Rien d'exceptionnel, pensez-vous ? Eh bien si, car il vient de recevoir un nouveau rein qui lui permet enfin de courir comme tous ses camarades. Ces greffes changent la vie des personnes malades.

5 **Au concert.**
Le chef d'orchestre regarde ses musiciens et ses mains donnent le signal. Raphaël est émerveillé devant tous ces instruments et ces archets qui s'animent en cadence. Ses yeux brillent et ses mains applaudissent à la fin du morceau.

6 **Un voyage sans les chiens.**
Célia va partir en Espagne, mais elle doit faire garder ses deux petits chiots par les voisins. Elle a bien essayé de convaincre ses parents mais ils n'ont pas assez de place dans la maison pour ces petites bêtes à quatre pattes.

36 CE ET SE

Il ne faut pas confondre **se** et **ce** :
– **ce** est un **déterminant** ou un **pronom démonstratif**. On peut le remplacer par un autre déterminant (**le** ou **un**) ou par **cela**.
Ce (le) jongleur est adroit.
Jongler, ce (cela) n'est pas facile.
– **se** est un **pronom personnel**. On peut le remplacer par un autre pronom personnel à une autre personne en conjuguant le verbe : **te**, **me**...
Le jongleur se retourne. Tu te retournes.

⚠ Devant un mot débutant par une voyelle ou un **h muet**, **ce** devient **c'** et **se** devient **s'**.
Le jongleur s'exerce. Jongler, c'est difficile.

À partir du CE1

1 Il préfère ce film.
2 Il se nourrit surtout de légumes.
3 Ce stylo laisse des traces noires.
4 M. Louis se souvient de sa première voiture.
5 Mes parents se lèvent tôt.
6 Ce plat est délicieux.
7 As-tu vu ce troupeau d'éléphants ?
8 Dites-lui ce que vous voulez.
9 Est-ce qu'Estelle est contente ?
10 Virginie part se promener en forêt.

À partir du CE2

1 Il se pourrait que le prince sauve Cendrillon.
2 Il se vend des millions de téléphones portables dans le monde.
3 Il faut se dire au-revoir car nous partons.
4 J'aime beaucoup ce château sur la colline et ce jardin ombragé.
5 Pierre affirme que ce cartable est à lui.
6 Je ne suis pas d'accord avec ce que tu dis. Ce n'est pas exact.
7 Le vent se lève et la mer se déchaîne. Les navires rentrent au port.
8 Ce garçon ne sait pas manger proprement. Il se goinfre et se salit !
9 Elle ne se fait pas de souci pour ce colis ; elle sait qu'il arrivera ce soir.
10 Ce chien qui se laisse caresser appartient à ma grand-mère.

À partir du CM1

1 Willy voulait planter un clou avec ce lourd marteau ; mais comme il est maladroit il s'est écrasé le pouce.

2 Ce voyage est éprouvant. Il faut se lever tôt et effectuer de longues marches. Ce n'est pas toujours facile !

3 Ce sirop se boit quand on a très soif ; il suffit de quelques gouttes dans un verre d'eau pour obtenir ce délicieux breuvage.

4 Charline va se marier. Elle se prépare pour l'occasion et se pare de ses plus précieux bijoux. Ce sera le plus beau jour de sa vie.

5 Le metteur en scène a appris, ce matin, que son dernier film était sélectionné pour une nomination lors de la cérémonie des Césars. C'est une très bonne nouvelle.

6 Magali s'est trompée d'adresse en expédiant ce message ; elle a appuyé sur la mauvaise touche ; elle va devoir s'excuser auprès de celle qui a reçu le message par erreur.

À partir du CM2

1 **La pause.**
Les randonneurs se reposent à l'ombre des tilleuls. Ils profitent de ce moment de répit pour se ressourcer.

2 **Le temps instable.**
Ce mois-ci, il faut se protéger du froid et se couvrir convenablement. Ce mauvais temps ne devrait pas durer.

3 **Le pire évité de justesse.**
Ce matin, deux voitures se sont heurtées. Sous la violence de ce choc, un conducteur s'est évanoui. Heureusement, il s'est vite remis. Ce n'est pas la première fois qu'un accident de ce type se produit sur cette route.

4 **C'est la révolution !**
Le 14 juillet 1789, le peuple de Paris se révolte et se dirige vers la Bastille, prison royale, symbole d'injustice et de l'autorité du Roi. Aux cris de « Vive la Nation », les révolutionnaires prennent possession de ce lieu.

5 **Les joies du canoë.**
Ce torrent est déchaîné ; avant de s'y risquer, il faut se protéger la tête et enfiler un gilet de sauvetage. On doit aussi éviter de s'approcher trop près des rochers. Ce sport est réservé aux personnes bien entraînées et habituées aux remous.

6 **Une cérémonie du souvenir.**
Tous les ans, au mois de juillet, les Bretons pensent aux marins disparus en mer. Ils se rassemblent dans les ports puis ils se rendent sur les chalutiers et se souviennent de leurs proches qui sont partis trop tôt. Ce spectacle émouvant attire une foule considérable.

Grammaire

37 LA, LÀ OU L'A

Il ne faut pas confondre **la** et **là, l'a** :
– **la** est un **article** ou un **pronom personnel**.
La pomme est mûre, je vais la peler.
– **là** (avec un accent) est un **adverbe de lieu**. On peut le remplacer par **ici**.
Je vais m'installer là (ici).
– **l'as** et **l'a** sont la contraction du pronom personnel et du verbe **avoir** à la 2e ou à la 3e personne du singulier. On peut les remplacer par **l'avais** ou **l'avait**.
2e personne : Comme la pomme était mûre, tu l'as (l'avais) pelée.
3e personne : Comme la pomme était mûre, il l'a (l'avait) pelée.

À partir du CE1

1 J'aime quand la neige est fraîche.
2 La récolte sera bonne cette année.
3 Je sais faire la roue.
4 C'est là que je m'entraîne le samedi.
5 Un nouvel élève est arrivé : est-ce que tu l'as vu ?
6 Le succès et la gloire nous attendent.
7 Cette idée-là me plaît bien.
8 Le maître ne sera pas là demain.
9 Papi t'a offert une montre : où l'as-tu mise ?
10 La fenêtre au-dessus de la table est restée ouverte.

À partir du CE2

1 Tu sortiras la tondeuse du garage.
2 C'est là que je suis né.
3 Emma saisit la chance qu'on lui donne.
4 Le médecin l'a ausculté. Il a la grippe.
5 Il l'accompagne au théâtre et la ramène chez elle.
6 Je ne trouve plus ma calculatrice. Est-ce toi qui l'as ?
7 Que fais-tu là ? Tu devrais être à la maison.
8 Connais-tu la Mongolie ? Là-bas, les habitants vivent dans des yourtes.
9 « Où est la nouvelle voiture ? » Papa l'a garée près de la mairie.
10 Dans ces conditions-là, nous refusons de louer la maison. Nous la prendrons si les travaux sont faits.

À partir du CM1

1 Après avoir bien lu la notice d'utilisation de sa tablette, Tanguy l'a mise en charge.

2 Là où on l'a accroché, ce tableau n'est pas mis en valeur ; avec des lumières de chaque côté, la présentation serait meilleure.

3 À cette heure-là, la porte du gymnase est fermée, mais ce soir, le gardien la laisse ouverte jusqu'à l'arrivée de notre entraîneur.

4 Si vous suivez la corniche, vous arrivez au belvédère ; de là, vous aurez une vue splendide sur la vallée.

5 Ce problème paraissait difficile, mais tu l'as résolu sans difficulté. En fait, la solution sautait aux yeux.

6 La maison que tu aperçois là-bas est à moi. C'est là où je suis né. Mon père l'a restaurée cette année. La cheminée est toute neuve.

À partir du CM2

1 **Le retour du chat.**
Tu as retrouvé mon chat. Est-ce qu'il était dans la cuisine ou dans la cave ? À présent, il est là ! C'est ça l'important.

2 **La promenade.**
Nous aimons nous promener dans la campagne et cueillir ça et là des fleurs des champs.

3 **L'itinéraire à suivre.**
Depuis la sortie du métro, marche jusqu'à la poste. À quelques pas de là, tu trouveras une fontaine. Contourne-la et continue sur le même trottoir. À partir de là, tu devrais apercevoir la mairie et le bâtiment de la piscine. Là, il te suffit de passer le pont et tu es arrivé.

4 **La cravate disparue.**
Je t'ai offert une cravate pour ton anniversaire. Où l'as-tu mise ? Tu ne la portes jamais. Est-ce que tu ne l'as pas aimée ? Si c'est le cas, donne-la moi, je la rapporterai au magasin et l'échangerai contre une autre.

5 **Une journée particulière.**
La journée s'annonce difficile pour Théo car il passe son permis de conduire. Papa l'a conduit là où se déroule l'examen. Quand on l'a appelé, il a oublié sa peur. Il a roulé trois kilomètres sans faire la moindre faute. Tout s'est bien passé et le moniteur l'a félicité.

6 **Une zone piétonne.**
Le maire a décidé d'aménager un quartier piétonnier. Il a interdit l'usage de la voiture, a supprimé le goudron et l'a remplacé par des petits pavés. Là où les automobiles régnaient sans partage, ce sont désormais les piétons qui flânent dans la rue.

38 TOUT – TOUTE – TOUS – TOUTES

- **Tout, toute, tous, toutes** sont des **déterminants indéfinis** qui s'accordent avec les noms qu'ils déterminent.

tout le jour — tous les jours
toute la nuit — toutes les nuits

- **Tout, tous, toutes** sont des **pronoms indéfinis** qui remplacent des noms.

Le linge est repassé. — Tout est repassé.
Les draps sont repassés. — Tous sont repassés.
Les chemises sont repassées. — Toutes sont repassées.

- **Tout** est un adverbe invariable. On peut le remplacer par **tout à fait**.

Les draps sont tout propres. — Les draps sont tout à fait propres.

À partir du CE1

1 À Pompéi, tout a été recouvert par la lave du volcan.
2 Toutes les pommes sont mûres.
3 Le voisin parle tout le temps.
4 En ce moment, il pleut tous les jours.
5 Mathieu est tout sale à cause de la boue.
6 Les vieux ponts sont tous en pierres.
7 Dans mon école, tous les enfants portent un uniforme.
8 Ne t'inquiète pas, tout ira bien !
9 Ces cerises sont vraiment toutes petites.
10 Je vais payer toutes les courses avec ma carte bancaire.

À partir du CE2

1 Les élèves sont tous en retard aujourd'hui.
2 Mange toutes les fraises : il ne doit pas en rester.
3 Lis toutes les consignes avant de faire l'exercice.
4 Toute la foule applaudit le sportif.
5 J'ai tout compris en mathématiques !
6 Le ciel est tout bleu.
7 Je me lève à 7 heures tous les jours.
8 Le givre a rendu le sol tout glissant.
9 Tout est bien qui finit bien.
10 Il n'y a plus personne sur scène ; tous les musiciens sont partis et tout le public s'est dispersé.

À partir du CM1

1 La publicité prétend qu'à cette loterie, à tous les coups l'on gagne. Est-ce vraiment sûr ?

2 Sur tous les chèques bancaires, pour éviter les erreurs, il faut écrire la somme en chiffres et en toutes lettres.

3 Lors du concert de rock, la sonorisation était si forte que les spectateurs sont ressortis tout abasourdis. Avec un meilleur réglage, tous les bruits de basse auraient été atténués.

4 On croyait le classement de la course définitif, mais les tout derniers coureurs à franchir la ligne d'arrivée l'ont modifié en réalisant des temps tout à fait exceptionnels.

5 La circulation est parfaitement programmée. Toutes les trente secondes, le feu passe au vert. Ainsi, tous les véhicules franchissent le carrefour rapidement.

6 Avant qu'un moteur ne sorte de la chaîne de montage, les mécaniciens cherchent toutes les pièces qui pourraient être défectueuses. Tout doit être parfait.

À partir du CM2

1 **Des mesures de précaution.**
Tout individu qui prend l'avion doit être fouillé. C'est indispensable pour la sécurité de tous les passagers.

2 **Un conducteur trop pressé.**
La voiture est arrivée à toute allure. Tous les passants ont eu très peur et tout cela a failli mal finir...

3 **Les bonnes résolutions.**
Chaque année, on sait que janvier est le mois de toutes les bonnes résolutions ; toute l'année nouvelle n'en sera que plus agréable.

4 **Visite touristique.**
Tous les touristes qui visitent la capitale veulent voir la tour Eiffel. Après avoir descendu toute l'avenue des Champs-Élysées, ils partent à la découverte de la vieille dame de fer située tout près de la Seine. Il va falloir escalader toutes les marches.

5 **Les illuminations.**
Pour Noël, toutes les villes font un effort de décoration pour offrir à toute la population un spectacle de qualité. Des guirlandes sont placées tout autour des arbres et les commerçants présentent tous des vitrines originales.

6 **Les radios musicales.**
Tout le monde peut écouter des dizaines de radios différentes. Certains sont tout heureux d'écouter les succès de leur jeunesse, d'autres apprécient une tout autre musique, plus moderne ! Il est dommage que les présentateurs ne donnent pas le titre de tous les morceaux qu'ils programment.

39 QUEL(S) – QUELLE(S) – QU'ELLE(S)

Il ne faut pas confondre **quel(s)**, **quelle(s)** et **qu'elle(s)** :
– **quel(s)** et **quelle(s)** sont des **adjectifs** qui s'accordent en genre et en nombre avec le nom qu'ils accompagnent.
Quel immeuble ! Quelle maison ! Quels livres lis-tu ? Quelles revues lis-tu ?
– **qu'elle(s)** est la contraction de **que elle(s)**.
La lectrice a choisi ; voici les livres qu'elle préfère.
Les lectrices ont choisi ; voici les livres qu'elles préfèrent.

⚠ Pour savoir si on doit employer **quelle(s)** ou **qu'elle(s)**, on essaie de remplacer le pronom féminin **elle(s)** par le pronom masculin **il(s)**.
Voici les livres qu'elle (qu'il) préfère. Quelle belle journée !

À partir du CM1

1 Quelles sont les montagnes que nous apercevons au loin ?
2 Le plombier remplace les conduites d'eau parce qu'elles sont percées.
3 Je connais Amélie, mais je ne savais pas qu'elle avait une sœur jumelle.
4 Quel talent ! Ces actrices récitent par cœur les textes qu'elles ont appris.
5 Quels sont ces légumes qui poussent sans qu'on les arrose ?
6 Avec quel courage et quelle ténacité ce chercheur poursuit ses travaux !

À partir du CM2

1 **Quelle est l'adresse ?**
Il faudrait que Mélanie me dise à quelle adresse elle habite.

2 **Un temps de chien.**
Quel temps épouvantable ! Ma robe est toute mouillée. Il faut qu'elle sèche.

3 **Une belle exposition.**
Quelle merveille que cette exposition sur la civilisation égyptienne ! Je suis content d'avoir pu la visiter tant qu'elle était encore ouverte au public.

4 **Ma grand-mère.**
Dès qu'elle se lève ma grand-mère s'active. Il faut qu'elle prépare le petit déjeuner et qu'elle s'occupe de l'entretien de la maison. Quelle énergie !

5 **La passion de l'informatique.**
Elsa est une passionnée d'informatique. Elle élabore des applications qu'elle teste auprès des enfants. Il faut voir avec quelle ingéniosité elle crée ces jeux !

6 **Alerte à la pollution.**
Quelle ne fut pas la mauvaise surprise de vacanciers : la mer est couverte de plaques d'huile. On pense qu'elles proviennent du naufrage d'un pétrolier et on se demande quels seront les effets sur la faune et la flore.

40 LEUR – LEUR(S)

Il ne faut pas confondre **leur** et **leur(s)** :
– **leur** est un pronom **personnel invariable**. On peut le remplacer par **lui**.
Les musiciens sont prêts ; le professeur leur donne des conseils.
Le musicien est prêt ; le professeur lui donne des conseils.
– **leur(s)** est un **déterminant possessif** qui s'accorde avec le nom. On peut le remplacer par un autre déterminant : **un, la, les.**
Les musiciens accordent leurs instruments.
Les musiciens accordent les instruments.

Grammaire

À partir du CM2

1 Les boulangers saupoudrent leurs baguettes de farine et surveillent leur mise au four.

2 À la mi-temps, l'entraîneur rassemble ses joueurs et il leur demande d'être plus offensifs.

3 Les héros de ce film sont des extraterrestres, mais leur existence n'a jamais été prouvée !

4 Le mécanicien appelle les apprentis de l'atelier pour leur montrer comment remplacer un filtre à huile.

5 Les jeunes écoutent leurs chanteurs préférés sur leur téléphone portable ou sur leur tablette.

6 **Avant le téléphone.**
Lorsque le téléphone n'existait pas, on recourait parfois aux pigeons voyageurs ; on leur confiait les messages importants que l'on attachait à leurs pattes.

7 **Les facteurs.**
Dans les villages d'autrefois, les facteurs effectuaient leur tournée à pied. Ils parcouraient la campagne et rencontraient les habitants dans leurs champs ou sur le seuil de leur maison. Ils leur remettaient leurs lettres et leurs journaux et ils en profitaient pour leur parler un moment.

8 **Une exploitation inconsidérée.**
Les marins pêcheurs de cette petite île voient leurs casiers à langoustes désespérément vides. Des spécialistes leur avaient pourtant conseillé de modérer leurs prises : il y avait tant de crustacés autrefois dans les fonds marins ! Aujourd'hui, ils pensent à leurs pêches miraculeuses d'antan, mais il est trop tard.

Conjugaison

Les nouveaux programmes classent les verbes selon leur terminaison à l'infinitif : verbes en *-er*, en *-ir*, en *-dre*, en *-oir*...

Pour ne pas dérouter les parents, nous avons conservé dans cet ouvrage les dénominations de « groupes » ; voici leur correspondance avec les nouvelles appellations :

- verbes du 1er groupe → verbes en *-er* (sauf *aller*)
- verbes du 2e groupe → verbes en *-ir* (comme *finir*)
- verbes du 3e groupe → autres verbes (verbes en *-dre*, en *-oir*, en *-ir* comme *courir*)

41 LE PRÉSENT DE L'INDICATIF : *ÊTRE* ET *AVOIR*

• Au **présent** de l'indicatif, **être** et **avoir** se conjuguent ainsi :

Je suis chanceux.	J'ai de la chance.
Tu es chanceux.	Tu as de la chance.
Il est chanceux.	Elle a de la chance.
Nous sommes chanceux.	Nous avons de la chance.
Vous êtes chanceux.	Vous avez de la chance.
Ils sont chanceux.	Elles ont de la chance.

• **Être** et **avoir** peuvent être employés **seuls** ou comme **auxiliaires** pour conjuguer d'autres verbes à des temps composés.

À partir du CE1

1 J'ai sommeil.
2 Nous sommes à l'abri.
3 Tu n'as rien à faire ce matin.
4 Vous êtes au dernier rang.
5 Le chien est dans sa niche.
6 L'ogre a l'air méchant.
7 Tu es au premier étage.
8 Les vaches sont dans le pré.
9 Les joueurs de notre équipe ont des maillots bleus.
10 Avez-vous assez chaud sans votre manteau ?

À partir du CE2

1 Nina est heureuse, elle a beaucoup d'amies.
2 Ce matin, il y a du vent et nous avons froid.
3 Les sapins ont-ils des feuilles ou des aiguilles ?
4 Ce tuyau est percé ; tu es sûr qu'il est neuf ?
5 Les autruches sont des oiseaux incapables de voler.
6 Margaux doit recompter son opération car le résultat est faux.
7 Nous sommes sur le balcon et nous avons une belle vue.
8 Elles sont contentes car tu es venue les voir.
9 Il a perdu ses clés et il est à la recherche d'un serrurier. Il en a trouvé un dans l'annuaire.
10 Comme dessert, vous avez le choix entre une glace et de la brioche. C'est tout ce qu'il y a.

À partir du CM1

1 Nous sommes en retard et nous n'avons donc pas le temps de passer à la boulangerie.

2 Tu n'as pas à te plaindre puisque tu as assez d'argent pour acheter le jeu dont tu as envie.

3 Pablo est un petit malin. Quand il y a un anniversaire, il a toujours une idée pour amuser ses copains, alors ils ont tous envie de l'inviter.

4 Comme il y a beaucoup de neige, les bus ne circulent pas. Mais ce n'est pas cela qui nous décourage : nous partons à l'école à pied.

5 Lorsque les fenêtres sont ouvertes, le panorama est formidable. Nous avons une vue magnifique sur le parc qui est toujours très beau en toute saison.

6 Sophie a de la chance : ce soir, son chanteur préféré passe à la télé. Elle est impatiente de l'écouter. Elle a déjà plusieurs disques de lui et a l'intention d'aller le voir en concert.

À partir du CM2

1 **La consultation.**
Tu es au lit depuis trois jours et tes parents sont malades, eux aussi. Ils ont fait venir le médecin. Vous êtes sûr que nous n'avons rien de grave, docteur ?

2 **La rentrée.**
C'est la rentrée et je suis très contente de retrouver ma meilleure amie Carla. Nous sommes dans la même classe. Notre professeur est nouveau dans l'école ; il a de l'autorité, mais il est gentil.

3 **Les vacances.**
Comme mes parents ont une semaine de vacances, nous sommes partis chez nos cousins de Bretagne. De bon matin, papa est déjà au bord de la rivière avec son matériel de pêche : quelle passion !

4 **L'ascenseur.**
Je rentre du gymnase avec tout mon équipement de grimpeur et l'ascenseur est en panne. Je n'ai plus qu'à monter les douze étages à pied ! Finalement, arriver en haut du mur d'escalade est moins fatigant...

5 **Le match.**
C'est le dernier jour de classe. Les élèves sont tous en tenue de sport et le professeur propose un match de football. Je suis un peu déçu ; j'ai une préférence pour le basket, mais je n'ai pas le choix !

6 **La sortie à la médiathèque.**
Les élèves sont à la médiathèque pour emprunter des livres. Le responsable a le temps de conseiller chacun. Clément trouve que les bandes dessinées sont faciles à lire, mais il aime aussi les documentaires. Sandra a choisi les aventures de cinq jeunes enfants, curieux et malins.

42 LE PRÉSENT DE L'INDICATIF : VERBES DU 1er GROUPE

Au présent de l'indicatif, tous les verbes du 1er groupe (verbes en *-er* sauf *aller*) prennent les mêmes terminaisons.
Par exemple, pour **chercher** et **trouver** :
Je cherche mes clés et je ne les trouve pas.
Tu cherches tes clés et tu ne les trouves pas.
Elle cherche ses clés et elle ne les trouve pas.
Nous cherchons nos clés et nous ne les trouvons pas.
Vous cherchez vos clés et vous ne les trouvez pas.
Ils cherchent leurs clés et ils ne les trouvent pas.

⚠ L'orthographe de certains verbes est modifiée.
balayer : Je balaie la cuisine. – Nous balayons la cuisine.
lancer : L'athlète lance le poids. – Nous lançons le poids.

À partir du CE1

1 Je croque des dragées.
2 Tu comptes les points.
3 Il adore les gâteaux.
4 Vous marchez sur le trottoir.
5 Les rats rongent les vieux papiers.
6 Nous épluchons les pommes de terre.
7 En hiver, les jours diminuent très vite.
8 Je te demande de m'écouter un instant.
9 Nous recopions l'énoncé du problème.
10 Les pompiers portent des casques.

À partir du CE2

1 Nous grondons le chien, car il jappe sans arrêt.
2 Tu hausses les épaules avant de tourner les talons.
3 Les bons conducteurs respectent le code de la route.
4 Vous filmez les dauphins lorsqu'ils sautent hors de l'eau.
5 Les savants continuent à chercher un remède contre le cancer.
6 Je ne me baigne jamais en mer lorsque le drapeau rouge flotte sur la plage.
7 Les alpinistes arrivent au chalet alors que la neige tombe à gros flocons.
8 Il ne reste plus une seule place libre pour le match de dimanche.
9 N'oubliez pas de renouveler votre abonnement à ce magazine.
10 Il coupe une tranche de pain, étale du beurre puis la trempe dans son bol.

À partir du CM1

1 Depuis lundi, les poulains galopent en liberté dans le champ. Chaque jour, ils dévorent l'herbe tendre.

2 Comme le carrefour des Musiciens est dangereux, la mairie place des ralentisseurs pour que les conducteurs roulent moins vite.

3 Les champions d'aviron rament toujours à la même cadence. Ils conjuguent leurs efforts pour essayer d'arriver les premiers.

4 Maria chante toujours sous la douche. Cela lui donne de l'entrain pour la journée. Quand elle retrouve ses amies, elle est de bonne humeur.

5 Les acrobates étonnent le public par leurs prouesses. Ils se lancent dans le vide et s'accrochent aux trapèzes volants. Ils tombent rarement dans le filet de protection, car ils s'entraînent beaucoup.

6 Pourquoi les lampadaires publics s'allument-ils de plus en plus tard lorsque les jours rallongent ? Ce sont des cellules électriques qui commandent l'éclairage selon la luminosité. Cela permet de faire des économies d'énergie.

À partir du CM2

1 **Pollution.**
Une usine chimique pollue les environs de notre ville. Ses cheminées crachent d'épaisses fumées noires. Les habitants ont parfois du mal à respirer : ils toussent et ils éternuent.

2 **Une curieuse peinture.**
Ce tableau représente une rue de Paris. Il étonne un peu les jeunes visiteurs du musée, car les maisons ne ressemblent pas à celles qu'ils ont l'habitude de voir : elles penchent et elles n'ont pas de fenêtres !

3 **Un nouvel élève.**
Ce matin, le directeur nous annonce l'arrivée de Nelson. Il habite dans le quartier depuis trois jours ; ses parents arrivent d'un pays étranger. Il ne parle pas très bien français, alors nous lui expliquons tant bien que mal comment fonctionne la classe.

4 **L'ébéniste.**
Dans mon quartier, il y a un ébéniste au coin de la rue. Quand il manie ses outils, on devine qu'il aime son métier. Il caresse le bois avant de le scier et de le raboter. Dans ses mains, les planches se transforment en commodes, en buffets ou en armoires.

5 **Le rallye.**
Le rallye de Monte-Carlo s'arrête dans notre ville. Sur la place du marché, les mécaniciens préparent les voitures et écoutent le bruit des moteurs. Les pilotes se reposent avant le départ de l'étape. Nous les approchons pour qu'ils nous signent des autographes et nous photographions leurs bolides.

43 LE PRÉSENT DE L'INDICATIF : VERBES DU 2e GROUPE

• Au présent de l'indicatif, tous les verbes du 2e groupe (verbes en *-ir* comme *finir*) prennent les mêmes terminaisons.
Par exemple, pour **saisir** et **remplir** :
Je saisis la bouteille d'eau et je remplis les verres.
Tu saisis la bouteille d'eau et tu remplis les verres.
Il saisit la bouteille d'eau et il remplit les verres.
Nous saisissons la bouteille d'eau et nous remplissons les verres.
Vous saisissez la bouteille d'eau et vous remplissez les verres.
Elles saisissent la bouteille d'eau et elles remplissent les verres.

• Parmi les verbes qui se terminent par -ir à l'infinitif, on reconnaît ceux du 2e groupe grâce à l'élément -ss- placé entre le radical et la terminaison aux trois personnes du pluriel :
nous finissons – vous choisissez – elles grandissent

À partir du CE1

1 Le lion rugit dans la savane.
2 Les cerises mûrissent au soleil.
3 L'avion atterrit en douceur.
4 Vous unissez vos efforts.
5 Tu rougis assez facilement.
6 Vous applaudissez les musiciens.
7 Une cuillère de miel adoucit la gorge.
8 Nous t'avertissons de notre prochain départ.
9 Les chevaux franchissent les haies du parcours.
10 Je réussis très bien la crème au chocolat.

À partir du CE2

1 Le muguet fleurit au mois de mai.
2 Le soldat obéit aux ordres de son capitaine.
3 Vous salissez le parquet avec vos bottes.
4 Ces vêtements rétrécissent au lavage.
5 Nous nous réunissons autour de la table.
6 Je réfléchis avant d'écrire un mot difficile.
7 À l'approche du péage, les voitures ralentissent.
8 Je te garantis que cette montre fonctionne encore.
9 Nous enfouissons les mauvaises herbes au fond du jardin.
10 Pour ce voyage, vous vous munissez de vêtements chauds.

À partir du CM1

1 Lorsqu'on te demande de l'aide, tu réagis très vite, car tu es toujours prêt à rendre service.

2 Les accrochages entre les joueurs sont trop nombreux ; l'arbitre avertit les deux capitaines.

3 Sous le regard admiratif des visiteurs, le potier pétrit l'argile et forme des vases magnifiques.

4 Les enquêteurs éclaircissent le mystère de la maison hantée ; il s'agit simplement d'oiseaux nocturnes qui nichent dans le grenier.

5 Les gymnastes bondissent sur le tremplin et accomplissent des sauts prodigieux. Le plus surprenant est qu'ils retombent toujours sur leurs pieds.

6 Le but marqué à la dernière minute par l'ailier anglais anéantit tous les espoirs de qualification de l'équipe de France pour la finale de la coupe d'Europe.

À partir du CM2

1 **Les mots croisés.**
Maxime étudie les définitions des mots croisés. L'une d'elles est assez difficile : « Elles garnissent le chariot. » Il réfléchit un moment, puis s'écrie : « Provisions ! » À partir de là, les cases se remplissent peu à peu.

2 **À la cantine.**
Les élèves ne salissent pas trop la cantine. En effet, s'ils ne font pas attention, ce sont eux qui doivent nettoyer la table et balayer le sol. Ils se répartissent le travail : Arthur remplit la carafe d'eau et Céline coupe le pain.

3 **La coupe des écoles.**
Les cinq écoles de la ville se réunissent pour participer à la coupe des écoles. Tous les ans, les élèves se surpassent pour remporter le précieux trophée. Cette année, Nathan franchit un mètre vingt en hauteur et Lisa établit le record du cinquante mètres pour les filles.

4 **Un village fleuri.**
Au printemps, les habitants de Colmar fleurissent leurs balcons. Ils remplissent des jardinières avec du terreau et assortissent les géraniums ou les pétunias afin d'obtenir une belle harmonie de couleurs. Bien sûr, il faut régulièrement arroser sinon ces belles fleurs se flétrissent, mais tous le font avec plaisir.

5 **Un chantier.**
Les maçons bâtissent un pavillon pour la famille Dulac. Ils agissent avec méthode. D'abord, ils remplissent la bétonnière de sable, de ciment et d'eau. Quand le mélange est prêt, ils saisissent leur truelle et se répartissent les briques à empiler. Ils garnissent les joints et crépissent les murs. Le soir, ils réunissent leurs outils et repartent dans leur camionnette.

44 LE PRÉSENT DE L'INDICATIF : VERBES DU 3e GROUPE

• Au présent de l'indicatif, la plupart des verbes du 3e groupe (verbes en *-ir* comme *courir*, en *-oir*, en *-dre*) prennent les mêmes terminaisons. Par exemple, pour **parcourir** et **sourire** :
Je parcours le message et je souris.
Tu parcours le message et tu souris.
Elle parcourt le message et elle sourit.
Nous parcourons le message et nous sourions.
Vous parcourez le message et vous souriez.
Ils parcourent le message et ils sourient.

• Les verbes **pouvoir** et **vouloir** prennent un **-x** aux deux premières personnes du singulier : Je peux continuer. – Tu veux continuer.

• La plupart des verbes terminés par **-dre** à l'infinitif ont une terminaison en **-d** à la 3e personne du singulier : Elle comprend tout.

• 2e personne du pluriel des verbes **dire** et **faire** : vous dites – vous faites

À partir du CE1

1 Je fais mes devoirs.
2 Nous voulons boire de l'eau.
3 Tu vois une étoile filante.
4 Vous nous dites où vous allez.
5 Ces abricots viennent de Provence.
6 Tu écris ton nom en haut de la page.
7 L'oiseau vient picorer sur le balcon.
8 Je ne prétends pas être un grand musicien.
9 À ton âge, tu ne dois pas boire d'alcool.
10 Je connais les paroles de cette chanson par cœur.

À partir du CE2

1 Chaque matin, le gardien ouvre le portail de l'école.
2 Après le déjeuner, je m'endors à l'ombre du parasol.
3 On revoit toujours avec plaisir les vieux dessins animés.
4 Tu vas au-devant des ennuis en persistant à nier l'évidence.
5 La personne qui nous sert à la cantine a toujours le sourire.
6 Toutes les histoires drôles que j'entends, je les retiens.
7 Nous tenons à vous accompagner à la fête foraine.
8 Nous ouvrons les enveloppes avec un coupe-papier.
9 Les touristes prennent l'avion pour se rendre en Norvège.
10 Avec ce téléphone portable, on peut appeler dans le monde entier.

À partir du CM1

1 Beaucoup de fumeurs méconnaissent les dangers du tabac.

2 Nous réduisons notre consommation d'essence en roulant moins vite.

3 Les pompiers éteignent l'incendie à l'aide de longues et puissantes lances.

4 Les voisins se plaignent du bruit ; vous devez baisser le son du téléviseur si vous ne voulez pas que la police intervienne.

5 Ces champs produisent un blé d'excellente qualité. La farine obtenue à partir de ce grain est très appréciée des boulangers.

6 Quand une catastrophe survient, les secours s'organisent : des bénévoles distribuent des vivres et de l'eau, les médecins interviennent auprès des blessés, et des volontaires construisent des abris de fortune.

À partir du CM2

1 **Au Togo.**
Moussa vit dans un petit village togolais. Le matin, il parcourt plusieurs kilomètres à pied pour se rendre à l'école. Une grande case en paille tient lieu de salle de classe et accueille cinquante élèves. L'après-midi, Moussa part surveiller les animaux domestiques qui appartiennent à sa famille.

2 **La natation.**
Le mercredi, Sylvie va à la piscine. Pour commencer, elle prend une planche et nage une cinquantaine de mètres. Ses amies Sonia et Laure la voient et la rejoignent. Ensemble, après plusieurs longueurs de bassin, elles atteignent le bord où elles se reposent un moment.

3 **Le travail des enfants.**
Si, en France, tous les enfants vont à l'école, il n'en est pas de même dans d'autres pays. Dès l'âge de six ans, les enfants très pauvres effectuent des travaux pénibles. Ils tissent des tapis, ils cousent des ballons de football ou des vêtements. Ils gagnent quelques pièces qui servent à faire vivre la famille.

4 **Grand concert en perspective !**
Ce soir, mon groupe favori se produit en concert. Tous les jeunes attendent cet événement avec impatience. Avant l'arrivée des artistes, la foule bat des mains et danse au son de la sono. Soudain, les projecteurs éclairent la scène et des acclamations saluent les vedettes.

5 **Un conte bien connu.**
Une jeune fille orpheline sert de domestique à sa méchante belle-mère. Elle porte des vêtements déchirés et fait le ménage, étend le linge, entretient le feu de la cheminée. Elle est bien malheureuse. Un matin, deux oiseaux viennent voler autour d'elle et lui murmurent des paroles de réconfort. Vous avez reconnu cette histoire bien sûr, c'est celle de... Cendrillon ! Qui ne connaît pas ce conte ?

45 L'IMPARFAIT DE L'INDICATIF : *ÊTRE* ET *AVOIR*

À l'imparfait de l'indicatif, les verbes **être** et **avoir** se conjuguent ainsi.
Lorsque j'étais petit, j'avais un vélo rouge.
Lorsque tu étais petit, tu avais un vélo rouge.
Lorsqu'elle était petite, elle avait un vélo rouge.
Lorsque nous étions petits, nous avions des vélos rouges.
Lorsque vous étiez petits, vous aviez des vélos rouges.
Lorsqu'ils étaient petits, ils avaient des vélos rouges.

À partir du CE1

1 Les fenêtres étaient ouvertes.
2 À six ans, j'avais des tresses.
3 Le vieux château était en ruine.
4 Tu avais des regrets.
5 L'échelle était contre le mur.
6 L'ogre avait de grandes bottes.
7 Nous avions les ongles longs.
8 Vous aviez la parole facile.
9 Le tracteur était en panne.
10 J'étais en train de faire mes devoirs.

À partir du CE2

1 Tu étais au courant de notre arrivée.
2 Les coureurs étaient en pleine forme.
3 J'étais devant la grille d'entrée du parc.
4 Le pilote n'avait plus le contrôle de sa voiture.
5 En haut des pistes, nous avions les mains gelées.
6 Au début du mois de mars, les lilas étaient en fleurs.
7 Les lapins avaient faim, mais ils n'avaient rien à manger.
8 Nous étions sur le bateau et nous avions le mal de mer. Heureusement, nous étions près des côtes.
9 Avec tes cheveux courts, tu n'avais pas besoin de te peigner. Tu étais très belle ainsi.
10 Comme vous aviez des frissons et de la fièvre, vous étiez au lit.

À partir du CM1

1 L'actrice avait sa tenue d'impératrice et elle était sur le point de jouer son rôle.

2 Les questions étaient si compliquées que tu restais muet, incapable de répondre.

3 Comme nous n'avions pas nos partitions, nous n'étions pas du tout prêts à chanter.

4 Quand j'étais en CM1, j'avais fait une maquette pour expliquer le cycle de l'eau, et j'en étais très fier !

5 Nous n'avions pas fait attention à la boue et nous étions rentrés en classe avec des chaussures très sales ; le maître nous avait grondés.

6 Lorsqu'ils étaient partis à l'aventure à bord de leurs bateaux, les navigateurs espagnols avaient l'espoir de découvrir des terres lointaines.

À partir du CM2

1 **Rendez-vous.**
À dix heures, je me trouvais près de la tour des Moineaux car j'avais rendez-vous avec mes amis pour aller faire du roller. Comme d'habitude, ils étaient en retard !

2 **La plage.**
Tous les matins, pendant que nos parents étaient sur la terrasse, nous avions le droit d'aller jouer sur la plage. Nous avions un grand cerf-volant en forme de dragon chinois.

3 **Danger.**
Le funambule était en équilibre sur son vélo et il avait le sourire. Pourtant, les roues étaient posées sur un fil tendu au-dessus du vide. La foule était inquiète à l'idée qu'il tombe, mais il avait une parfaite maîtrise de la situation.

4 **Le robot.**
Le robot avait des bras articulés avec lesquels il pouvait saisir des objets et les déplacer. Tous ces mouvements se passaient sous le contrôle d'un technicien qui avait devant lui une console pour transmettre les commandes.

5 **Le royaume des jeux.**
Valentin et Sophie avaient la chance d'avoir un oncle qui était directeur d'une usine de jouets. Dans son bureau, il y avait des quantités de jeux différents, et le frère et la sœur avaient la permission de tous les essayer : un vrai paradis !

6 **Un élève comme les autres.**
L'an dernier, il y avait un élève handicapé dans ma classe. Lorsqu'il était petit, il avait eu une grave maladie et il n'était plus capable de marcher. Alors, il avait un fauteuil roulant et un bureau sans casier pour se glisser dessous. Ses camarades étaient toujours disponibles pour l'aider à sortir en récréation.

46 L'IMPARFAIT DE L'INDICATIF : VERBES DES 1er ET 2e GROUPES

• À l'imparfait de l'indicatif, tous les verbes prennent les mêmes terminaisons. Par exemple, pour **hésiter** (1er groupe) et **réfléchir** (2e groupe) :
Lorsque j'hésitais, je réfléchissais longuement.
Lorsque tu hésitais, tu réfléchissais longuement.
Lorsqu'il hésitait, il réfléchissait longuement.
Lorsque nous hésitions, nous réfléchissions longuement.
Lorsque vous hésitiez, vous réfléchissiez longuement.
Lorsqu'elles hésitaient, elles réfléchissaient longuement.

• Les verbes du 2e groupe intercalent l'élément -ss- à tous les personnes :
tu finissais – elle grandissait – vous choisissiez

⚠ Il ne faut pas oublier le i à la terminaison des deux premières personnes du pluriel des verbes terminés par -ier, -iller, -gner, -yer.
nous criions – vous travailliez – nous gagnions – vous balayiez

À partir du CE1

1 Je recopiais le texte.
2 Le vent nous décoiffait.
3 Nous décorions notre chambre.
4 Tu ne jetais jamais tes brouillons.
5 Les spectateurs agitaient des drapeaux.
6 Vous cherchiez des trèfles à quatre feuilles.
7 Le naufragé se nourrissait avec quelques poissons.
8 Pour faire l'exercice, je comptais sur mes doigts.
9 L'an dernier, tu oubliais toujours tes affaires de sport.
10 En 1980, les téléphones portables n'existaient pas.

À partir du CE2

1 De gros nuages noirs assombrissaient l'horizon.
2 Vous rangiez un peu votre chambre avant de vous coucher.
3 Avant la construction du pont, cette route n'existait pas.
4 Les Égyptiens ensevelissaient les pharaons dans des pyramides.
5 Autrefois, les médecins soignaient les blessés sans les endormir.
6 Certains prisonniers croupissaient dans les oubliettes des châteaux forts.
7 À la pétanque, tu réussissais parfois à placer ta boule tout près du cochonnet.
8 Avant je me baignais dans l'étang, mais je n'y vais plus tellement.
9 Le cheval franchissait la barrière, alors que le poney ne sautait pas assez haut.
10 Suite aux chutes de neige, les avions ne décollaient et n'atterrissaient pas.

À partir du CM1

1 Il était interdit de plonger dans le petit bassin, et vous ne désobéissiez jamais au maître-nageur.

2 Après avoir écrit vos lettres, vous les pliiez et vous les glissiez dans une grande enveloppe.

3 Les soldes tiraient à leur fin et les rayons se dégarnissaient ; seuls restaient les tailles les plus grandes et les modèles les moins élégants.

4 Vous surveilliez la cuisson des saucisses sur le barbecue et vous les retourniez de temps en temps pour éviter de les laisser brûler.

5 Pendant ma maladie, je maigrissais chaque jour un peu plus et mon frère finissait par me comparer à un fil de fer ! Heureusement, j'ai repris du poids depuis.

6 À quatre ans, Mozart éblouissait déjà toutes les cours d'Europe par son talent exceptionnel. Dès qu'il écoutait une mélodie, il était capable de la jouer au violon ou au clavecin.

À partir du CM2

1 **La cueillette.**
Dès les premiers beaux jours, nous cueillions les fleurs qui poussaient au bord des ruisseaux. Nous nous mouillions un peu les pieds, mais les bouquets étaient si beaux que cela en valait la peine.

2 **En Islande.**
À mesure que nous avancions, la végétation se raréfiait et des masses rocheuses la remplaçaient. Des geysers jaillissaient et leur eau, très claire, pétrifiait les arbustes qu'elle arrosait. Le paysage ressemblait au sol lunaire.

3 **Le 14 Juillet.**
Le feu d'artifice était magnifique ; les fusées s'élevaient de tous les côtés, se détachaient sur le ciel noir et éclataient en gerbes de fleurs dans un bruit assourdissant. Les spectateurs applaudissaient à chaque nouveau tir et poussaient des cris d'admiration.

4 **La fabrication des fromages.**
Il y a quelques années, ma grand-mère élevait encore des chèvres et elle préparait elle-même ses fromages. Quand elle avait fini de les mouler, nous les protégions avec des feuilles de vigne et nous les alignions sur les étagères de la cave. Nous en goûtions toujours un avant de remonter.

5 **Un emploi de confiance.**
Nadia était la secrétaire de madame Savin. Elle triait les commandes, elle classait le courrier et elle avait toujours la main sur le téléphone. De plus, elle supportait les fréquents mouvements d'humeur de sa directrice. Alors, elle se contrôlait pour éviter les conflits. Mais l'une et l'autre s'appréciaient beaucoup.

47 L'IMPARFAIT DE L'INDICATIF : VERBES DU 3e GROUPE

Les verbes du 3e groupe ont les mêmes terminaisons à l'imparfait que les verbes des 1er et 2e groupes. Par exemple, pour **courir** et **entendre** :
Quand j'entendais la sonnerie, je courais répondre au téléphone.
Quand tu entendais la sonnerie, tu courais répondre au téléphone.
Quand elle entendait la sonnerie, elle courait répondre au téléphone.
Quand nous entendions la sonnerie, nous courions répondre au téléphone.
Quand vous entendiez la sonnerie, vous couriez répondre au téléphone.
Quand ils entendaient la sonnerie, ils couraient répondre au téléphone.

⚠ Pour certains verbes, le radical est modifié.
boire : je buvais
craindre : nous craignions
résoudre : tu résolvais
voir : tu voyais
faire : vous faisiez
traduire : ils traduisaient
dire : elle disait
fuir : il fuyait

À partir du CE1

1 Je lisais des livres de contes.
2 Nous entendions le vent souffler.
3 Tu écrivais au crayon à papier.
4 Le joueur abattait ses cartes.
5 Nous nous rendions à la cantine.
6 Vous vous plaisiez au parc d'attractions.
7 Après chaque course, nous buvions beaucoup.
8 Je me mettais au travail de bon cœur.
9 Les vainqueurs recevaient des récompenses.
10 Les élèves attendaient l'heure de la récréation.

À partir du CE2

1 J'entendais les aboiements d'un chien au loin.
2 Avec le brouillard, on n'apercevait plus les îles au large.
3 Tu pendais tes vêtements près du radiateur ; ainsi, ils séchaient plus vite.
4 Tu ne décevais jamais tes amis car tu avais toujours de bonnes idées.
5 Vous accouriez dès que vous sentiez la bonne odeur des crêpes sucrées.
6 Les automobiles apparaissaient et dégageaient une épaisse fumée.
7 Autrefois, pour atteler un cheval à une carriole, il fallait de la patience.
8 Nous construisions des châteaux de sable que les vagues détruisaient.
9 La neige recouvrait les trottoirs et les habitants les dégageaient à la pelle.
10 Comme Blanche-Neige devenait de plus en plus belle, la reine, jalouse, cherchait un moyen de la faire disparaître.

À partir du CM1

1 Ce candidat possédait un talent exceptionnel ; il résolvait les énigmes les plus compliquées en peu de temps. Il faisait l'admiration des téléspectateurs.

2 Quand tu répondais sans réfléchir, tu te trompais une fois sur deux. Tu promettais à chaque fois de faire attention, mais c'était plus fort que toi, tu ne contenais pas tes paroles.

3 Lorsqu'il pleuvait, nous convenions de ne pas aller nous entraîner sur le terrain de sport, toujours inondé. À la place, nous allions dans le gymnase.

4 Comme par enchantement, le fantôme apparaissait dès que sonnaient les douze coups de minuit. Enfin, c'est ce que prétendaient ceux qui se risquaient dans les couloirs du château à cette heure-là !

5 Avant de partir au combat contre les Romains, les Gaulois buvaient une gorgée de potion magique préparée par le druide Panoramix ; sauf Obélix puisqu'il était tombé dans la marmite lorsqu'il était petit.

6 Quand un serf commettait un délit, par exemple braconner, il comparaissait devant la justice du seigneur. Il terminait en prison où il se morfondait pendant quelques mois. Il ressentait cela comme une véritable humiliation, alors qu'il voulait simplement nourrir sa famille.

À partir du CM2

1 **Un naïf.**
Il était vraiment naïf et croyait tout ce qu'on lui racontait, même si cela paraissait extravagant. Tout le monde pensait qu'en grandissant il allait changer et devenir un peu moins crédule. Mais non, ses amis continuaient à lui faire avaler des couleuvres.

2 **La rentrée.**
Dans la cour, le jour de la rentrée, les enfants racontaient leurs vacances d'été. À la sonnerie, les professeurs interrompaient les conversations et ils faisaient l'appel devant leur classe pour rassembler leurs élèves. Moi, j'étais heureux, car je retrouvais tous mes camarades de l'année dernière.

3 **Les tournois.**
Au Moyen Âge, les chevaliers se réunissaient pour disputer de grands tournois. Ils combattaient avec de lourdes armures, une lance et un bouclier. Le tournoi prenait fin quand l'un des cavaliers réussissait à renverser son adversaire. La châtelaine remettait alors une récompense au vainqueur.

4 **Les débuts du cinéma.**
Il est difficile de décrire la stupeur qui frappait les spectateurs quand ils voyaient pour la première fois des personnages s'animer sur un écran. On les entendait pousser des cris lorsque la locomotive entrait en gare, car ils avaient l'impression qu'elle fonçait droit sur eux. Comme les films ne duraient pas longtemps, les spectateurs ne craignaient pas de les regarder plusieurs fois de suite.

48 LE FUTUR SIMPLE DE L'INDICATIF : *ÊTRE* ET *AVOIR*

Au futur de l'indicatif, les verbes **être** et **avoir** se conjuguent ainsi.

Je serai courageux.	J'aurai du courage.
Tu seras courageux.	Tu auras du courage.
Il sera courageux.	Elle aura du courage.
Nous serons courageux.	Nous aurons du courage.
Vous serez courageux.	Vous aurez du courage.
Ils seront courageux.	Elles auront du courage.

⚠ Pour distinguer les terminaisons qui ont la même prononciation -**as**, -**a**, ou -**ons**, -**ont**, il faut bien examiner le sujet.
Tu auras dix ans en janvier. – Elle aura onze ans demain.
Nous serons en vacances. – Ils seront à l'école.

À partir du CE1

1. Le bateau sera au port.
2. Les voitures seront à l'arrêt.
3. J'aurai une nouvelle dent.
4. Nous n'aurons peur de rien.
5. Sous la tente, nous serons à l'abri.
6. Cette légende aura la vie dure.
7. Pour Noël, tu auras une console neuve.
8. Dans cinq minutes, il sera temps de partir.
9. Vous aurez bientôt une nouvelle tablette.
10. Les touristes auront un temps superbe.

À partir du CE2

1. Les comédiens seront bientôt en scène.
2. À cette heure, Tom sera sûrement chez lui.
3. Tu auras besoin d'aide pour déplacer l'armoire.
4. Les clients en auront-ils pour leur argent ?
5. Vous serez toujours polis avec vos amis.
6. S'il fait beau, tu seras de bonne humeur.
7. Nous serons en admiration devant ces tableaux.
8. J'espère que ma petite sœur aura bon caractère.
9. Vous n'aurez pas à changer de chaîne pour voir ce film.
10. Au printemps, les arbres auront de nouvelles feuilles.

À partir du CM1

1 Devant tous ces modèles, nous n'aurons que l'embarras du choix.

2 Ces coureurs n'auront pas de regrets, car ils ont fait leur possible.

3 Martin est un excellent nageur, mais il aura du mal à franchir ces rapides.

4 Vous serez bientôt en vacances et vous aurez le temps de vous reposer.

5 Si nous arrivons les premiers devant le guichet, nous aurons les meilleures places.

6 Je serai chez toi dans une heure ; auras-tu préparé tes affaires et seras-tu prêt à partir ?

À partir du CM2

1 **Précaution.**
Si vous restez sous l'averse sans parapluie, vous aurez les cheveux mouillés, vous serez vite frigorifiés, vous aurez des frissons et le nez qui coule !

2 **Le gros lot.**
Le tirage de la tombola aura lieu dans quelques instants. Si j'ai misé sur les bons numéros, j'aurai peut-être la chance de gagner le gros lot, un avion télécommandé.

3 **Le grand huit.**
Quand sous serons sur le manège infernal, celui qui tourne à toute vitesse, nous aurons bien vite mal au cœur. En descendant, le sol sera comme un tapis roulant et nous aurons de la peine à retrouver notre équilibre. Ce sera un peu comme avoir le mal de mer !

4 **La rencontre.**
Au détour d'un sentier, nous aurons peut-être la chance de rencontrer des chamois. Ils n'auront pas peur si nous ne nous approchons pas trop près d'eux. Dans ce cas, ils se laisseront peut-être photographier.

5 **Un cerf-volant poli.**
Quand il y aura enfin du vent, nous serons capables de lancer nos cerfs-volants. Au bout de leurs ficelles, ils seront bientôt proches du sommet du clocher et ils auront la politesse de dire bonjour au coq en agitant les papillotes de leur long ruban.

6 **Interrogation.**
Dès que la maîtresse aura posé la première question, tu seras le premier à lever le doigt. Tu penses qu'elle sera satisfaite, car tu as bien appris ta leçon. Tu auras peut-être une bonne note ou simplement un compliment. Tes camarades seront un peu jaloux mais ils seront bien contents car tu auras répondu et ils auront ainsi la bonne réponse.

49 LE FUTUR SIMPLE DE L'INDICATIF : VERBES DES 1er ET 2e GROUPES

Au futur simple, les terminaisons des verbes des 1er et 2e groupes **s'ajoutent à l'infinitif**. Par exemple, pour **examiner** (1er groupe) et **choisir** (2e groupe) :
J'examinerai les modèles et je choisirai le meilleur.
Tu examineras les modèles et tu choisiras le meilleur.
Elle examinera les modèles et elle choisira le meilleur.
Nous examinerons les modèles et nous choisirons le meilleur.
Vous examinerez les modèles et vous choisirez le meilleur.
Ils examineront les modèles et ils choisiront le meilleur.

À partir du CE1

1 Tu cireras tes chaussures.
2 Je couperai des tranches de pain.
3 Sans arrosage, la plante dépérira.
4 Je réfléchirai avant de répondre.
5 Vous remplirez le questionnaire.
6 Les skieurs ralentiront dans les virages.
7 Avec cette cagoule, tu ne souffriras pas du froid.
8 Les enfants offriront un cadeau à leur maman.
9 Les mauvaises herbes envahiront la pelouse.
10 La serviette en papier ne servira qu'une seule fois.

À partir du CE2

1 Nous changerons de métro à la prochaine station.
2 Avec ce verre de menthe à l'eau, je me rafraîchirai.
3 Nous terminerons la partie de petits chevaux après le goûter.
4 Pour tout l'or du monde, je ne me baignerai pas dans cette eau glacée.
5 Lorsque le feu passera au vert, vous traverserez sur le passage protégé.
6 Par ton jeu plein de sensibilité, tu éblouiras l'assistance qui t'applaudira.
7 L'hélicoptère parachutera des vivres au-dessus des régions dévastées par le cyclone.
8 Vous ne déposerez pas les bouteilles en verre dans la poubelle, mais dans un conteneur spécial.
9 Si des fils électriques traînent au sol, tu ne les toucheras pas, surtout avec des mains mouillées !
10 Dans vingt ans, tu piloteras peut-être un bolide, un train à grande vitesse ou même un vaisseau spatial !

À partir du CM1

1 Nous trouerons les feuilles de papier, nous collerons des œillets pour renforcer les trous et nous placerons ces feuilles dans nos classeurs.

2 Le magicien étonnera les deux personnes venues sur la scène en faisant disparaître leurs montres. Ils les retrouveront dans son chapeau.

3 Dès que Lucie entrera dans le magasin, la vendeuse s'empressera de la renseigner et lui présentera différents modèles.

4 Le plongeur rebondira sur le bout du tremplin et accomplira un double saut carpé. Les juges lui attribueront certainement une excellente note.

5 La semaine prochaine, les forains installeront les manèges sur la place centrale du quartier. Nous monterons dans le train fantôme ou nous piloterons les autos tamponneuses.

6 Avant de partir, le routier vérifiera l'état de son camion et il gonflera les pneus. Il étudiera son itinéraire grâce à son GPS et il évaluera la quantité d'essence à verser dans le réservoir.

À partir du CM2

1 **Un match de rugby.**
Quand les deux équipes entreront sur le terrain, les spectateurs agiteront de petits drapeaux ou souffleront dans des trompettes. Au coup de sifflet de l'arbitre, les Toulousains se précipiteront dans le camp adverse.

2 **La voiture de demain.**
La voiture de demain fonctionnera à l'électricité ; ainsi, la pollution diminuera. Le volant, les leviers et les pédales seront remplacés par un ordinateur qui programmera le trajet et dirigera toutes les manœuvres.

3 **La vie quotidienne du futur.**
Dans un temps pas si éloigné, les robots travailleront à notre place ; chacun aura un ordinateur sur sa montre-bracelet ; les appareils ménagers se commanderont à distance ; tous les gens communiqueront à l'aide de tablettes à reconnaissance vocale. Seront-ils plus heureux pour autant ?

4 **En Algérie.**
Le mois prochain, pour les vacances, Abdel ira en Algérie. Son avion décollera de Roissy et atterrira à Alger. Il prendra ensuite un autocar pour se rendre dans le village où sont nés ses parents. Il choisira des cartes postales pour garder un souvenir de ce premier séjour. Au retour, nous lui poserons beaucoup de questions sur son voyage.

5 **Un ingénieur.**
Si Thierry réussit son examen, il sera ingénieur automobile. Il travaillera dans un bureau d'études et on lui confiera la mise au point d'un modèle. Dans un laboratoire, il vérifiera la résistance de chaque pièce. Ensuite, Thierry se placera devant son ordinateur et dessinera les plans définitifs. Les ouvriers de l'usine monteront les moteurs et n'oublieront pas les dernières mises au point.

50 LE FUTUR SIMPLE DE L'INDICATIF : VERBES DU 3e GROUPE

• Au futur simple, tous les verbes du 3e groupe ont les mêmes terminaisons.

• Pour la plupart des verbes, on supprime le -e de l'infinitif avant d'ajouter la terminaison. Par exemple, pour **lire** et **apprendre** :

Je lirai l'autodictée et je l'apprendrai.
Tu liras l'autodictée et tu l'apprendras.
Elle lira l'autodictée et elle l'apprendra.
Nous lirons l'autodictée et nous l'apprendrons.
Vous lirez l'autodictée et vous l'apprendrez.
Ils liront l'autodictée et ils l'apprendront.

⚠ Pour certains verbes, le radical est modifié.

savoir : je saurai — **aller :** tu iras — **mourir :** il mourra
venir : nous viendrons — **faire :** vous ferez — **vouloir :** ils voudront

À partir du CE1

1 Je descendrai à la cave.
2 Tu partiras à quinze heures.
3 Vous lirez bien les consignes.
4 Le tireur à l'arc atteindra la cible.
5 Je reprendrai un peu de flan à la vanille.
6 Pour ce bol de chocolat, un sucre suffira.
7 Le facteur remettra un paquet à mon oncle.
8 Quand le chat viendra, les souris s'enfuiront.
9 Nous ferons un détour pour éviter les embouteillages.
10 Des milliers d'abeilles mourront à cause de cet insecticide.

À partir du CE2

1 S'il fait beau, monsieur Colin tondra la pelouse.
2 Tu interrompras ta lecture pour aller chercher le courrier.
3 Je sortirai et j'éteindrai la lumière avant de fermer la porte.
4 Vous attendrez sagement votre tour dans la file d'attente.
5 La sentinelle transmettra le message que l'éclaireur lui donnera.
6 Tu vaincras ta peur et tu feras le parcours accrobranche sans problème.
7 Le serrurier prendra son temps, mais il finira par débloquer le verrou.
8 Rien qu'en regardant ton visage, nous saurons si tu dis la vérité.
9 Tu écriras ces deux mots, comme ça tu ne confondras pas leur orthographe.
10 Lorsque les premières images apparaîtront, le silence se fera dans la salle.

À partir du CM1

1 Même si je pars très loin, je ne t'oublierai pas et je t'enverrai des courriers électroniques avec des photos de Polynésie.

2 Lorsque vous serez au dernier étage de cette tour, vous apercevrez les sommets enneigés dans le lointain.

3 Quand il saura conduire, Martin aura une voiture avec un moteur électrique et personne ne pourra dire qu'il pollue l'atmosphère

4 Au milieu des prés, nous cueillerons des marguerites et nous ferons un gros bouquet que nous offrirons à nos parents.

5 Grâce à Internet et aux téléphones portables, la nouvelle de l'évasion parviendra vite aux quatre coins du pays et le malfaiteur ne pourra pas rester en liberté bien longtemps.

6 À la rentrée prochaine, il faudra que j'achète un nouveau sac de sport. J'en prendrai un très grand, ainsi toutes mes affaires et mon équipement y tiendront aisément.

À partir du CM2

1 **Une mission risquée.**
Lorsque vous arriverez sur cette planète, il fera très froid. Malgré vos combinaisons, vous ne parviendrez pas à rester dehors plus de dix minutes. Pour prélever des échantillons du sol, vous devrez donc aller très vite et, surtout, vous ne vous éloignerez pas de la fusée.

2 **Les îles Féroé.**
Pour les vacances d'été, nous partirons dans les îles Féroé. Nous pêcherons le saumon et nous irons au bord des falaises vertigineuses où nous apercevrons peut-être des macareux. En cette saison, les fleurs envahiront les prairies, cela produira un effet grandiose.

3 **Un connaisseur.**
Personne ne pensait que ce cycliste pouvait remporter cette étape, à part mon oncle. Il me disait : « Tu verras qu'il réussira à se glisser dans la bonne échappée. À deux kilomètres de l'arrivée, il produira son effort et personne ne le reverra avant la ligne. » Eh bien, ce coureur a bel et bien gagné !

4 **À Londres.**
Le mois prochain, Maxime ira en Angleterre. Il prendra l'Eurostar et atteindra Londres quelques heures plus tard. Sur le quai, il reconnaîtra son correspondant chez qui il séjournera quinze jours. Il découvrira beaucoup de monuments et apercevra peut-être la reine.

5 **Le bulletin météo.**
Demain, la matinée sera fraîche. De légères brumes s'installeront sur les hauteurs. Dans le courant de l'après-midi, il faudra craindre l'arrivée d'une perturbation. Le ciel se couvrira et les pluies se dirigeront vers l'est. On notera alors une baisse sensible des températures. On pourra espérer une amélioration à partir de dimanche.

51 LE PASSÉ COMPOSÉ

• Le passé composé de l'indicatif est formé du présent de l'indicatif de l'auxiliaire (**être** ou **avoir**) et du participe passé du verbe à conjuguer.
Je suis allé(e) à la piscine et j'ai nagé pendant une heure.
Tu es allé(e) à la piscine et tu as nagé pendant une heure.
Elle est allée à la piscine et elle a nagé pendant une heure.
Nous sommes allé(e)s à la piscine et nous avons nagé pendant une heure.
Vous êtes allé(e)s à la piscine et vous avez nagé pendant une heure.
Ils sont allés à la piscine et ils ont nagé pendant une heure.

• Le participe passé employé avec l'auxiliaire **avoir** ne s'accorde jamais avec le sujet : J'ai mangé à la cantine. – Nous avons mangé à la cantine.

• Le participe passé employé avec l'auxiliaire **être** s'accorde en genre et en nombre avec le sujet : Je suis revenu. – Elles sont revenues.

À partir du CE1

1 Tu as lu le journal.
2 J'ai mangé des pommes.
3 Il est parti de bonne heure.
4 Vous avez pris un bain.
5 Je suis tombé tout seul.
6 Le joueur a marqué un but.
7 Nous avons regardé un film.
8 Les chats ont miaulé toute la nuit.
9 Richard a réussi un tour de cartes.
10 Nous sommes revenu(e)s à pied.

À partir du CE2

1 Vous avez supprimé les frites de votre alimentation.
2 Grâce à la natation, tu es devenue grande et musclée.
3 Nous sommes venu(e)s vous voir pour vous remercier.
4 Les musiciens ont mérité les applaudissements du public.
5 Dès que nous avons connu le résultat, nous avons sauté de joie.
6 Il a suffi d'une petite erreur de calcul pour que la solution soit fausse.
7 L'émission s'est arrêtée brusquement ; on n'a pas compris pourquoi.
8 Ces deux sœurs sont nées le même jour, mais pas la même année !
9 Les habitants sont partis manifester pour que l'usine ne ferme pas.
10 Comme le soleil est revenu, les restaurateurs ont ressorti les tables et les chaises sur la terrasse.

À partir du CM1

1 Les pirates ont caché leur trésor sur une île déserte.

2 Nous avons découpé le rôti pendant que Louise a préparé la sauce.

3 Des personnes bénévoles ont distribué de la nourriture à des familles sans ressources.

4 Mario a répondu à une annonce trouvée sur Internet pour une moto d'occasion. Il est allé la voir et il a tout de suite été séduit.

5 Les cosmonautes sont restés trois semaines dans un caisson au centre d'études spatiales pour s'entraîner à vivre en apesanteur lorsqu'ils seront dans l'espace. Lorsqu'ils en sont sortis, ils ont tout de suite voulu se rendre à la campagne pour prendre un bon bol d'air. Ils en avaient besoin.

6 Nous sommes arrivé(e)s trop tard pour avoir des bonnes places pour le concert. La salle était déjà pleine. Alors, nous avons essayé de nous installer sur les marches, mais quelqu'un est venu nous déloger, car ce n'est pas autorisé.

À partir du CM2

1 **Un étrange surnom.**
Dès qu'il est allé à l'école, ses copains l'ont appelé La Flèche. Pourquoi ce surnom ? Sans doute parce qu'il terminait toujours son travail le premier. Au début, il n'a pas beaucoup aimé, mais il a fini par s'y habituer.

2 **Un rude apprentissage.**
Le grand-père de Benjamin a quitté l'école très jeune et il est allé travailler au fond d'une mine. Des années durant, il a respiré la poussière de charbon dans une chaleur étouffante. Aujourd'hui, toutes les mines françaises sont fermées et le grand-père est à la retraite.

3 **Une partie acharnée.**
Les supporters de Bayonne sont arrivés les premiers. Ils se sont installés dans les gradins et ils ont chanté. Enfin les deux équipes sont entrées sur le terrain. La rencontre a tout de suite été animée, aussi bien sur le terrain que dans les gradins. Cinq essais ont été marqués.

4 **Un pique-nique mouvementé.**
Julie et ses amies ont décidé de pique-niquer à la campagne. Elles ont emporté tout ce qu'il faut dans leurs sacs à dos. Après une longue marche, elles ont choisi de s'arrêter dans un petit bois pour manger. Mais des fourmis sont vite venues leur rendre visite car, dans leur précipitation, elles ont installé leurs affaires sur une fourmilière.

5 **Un client particulier.**
Comme tous les samedis, les vendeurs du marché ont guetté l'arrivée du chef du grand restaurant. Il est passé très tôt et il a arpenté les allées à la recherche des meilleurs produits : légumes, fruits, herbes aromatiques, et même des fleurs. Il a chargé ses précieux achats dans sa camionnette où les odeurs et les parfums se sont mélangés, pour son plus grand plaisir.

52 LE PASSÉ SIMPLE : *ÊTRE* ET *AVOIR* ; VERBES DU 1er GROUPE

• Au passé simple de l'indicatif, **être** et **avoir** ont une forme particulière qu'il faut retenir.

être : je fus
tu fus
il fut
nous fûmes
vous fûtes
ils furent

avoir : j'eus
tu eus
il eut
nous eûmes
vous eûtes
ils eurent

• Au passé simple, les verbes du 1er groupe prennent les mêmes terminaisons. Par exemple, pour **acheter** et **entrer** :

J'achetai un billet et j'entrai dans le cinéma.
Tu achetas un billet et tu entras dans le cinéma.
Il acheta un billet et il entra dans le cinéma.
Nous achetâmes un billet et nous entrâmes dans le cinéma.
Vous achetâtes un billet et vous entrâtes dans le cinéma.
Ils achetèrent un billet et ils entrèrent dans le cinéma.

À partir du CM1

1 La pente était impressionnante, mais les skieurs gardèrent leur calme et ils abordèrent avec prudence les premiers virages.

2 Au dernier moment, l'organisateur annula la représentation. Furieux, les spectateurs demandèrent le remboursement de leurs billets.

3 Je marchais tranquillement le long de la falaise lorsqu'un rocher se détacha et tomba près de moi. Je reculai aussitôt et constatai que j'avais eu beaucoup de chance car il était énorme.

4 Pris dans la tempête, le petit voilier chavira et son skipper se retrouva au milieu des flots déchaînés et il fut trempé jusqu'aux os. Il eut beaucoup de chance, car un chalutier arriva très vite et le sauva de la noyade.

5 Gêné par la lumière des phares d'une voiture qui arrivait en sens inverse, le conducteur eut la peur de sa vie, car son véhicule heurta la glissière de sécurité. Puis, il roula pendant quelques minutes et décida de s'arrêter sur le côté pour examiner les dégâts

6 Tordu par le poids de la cabine, le câble du téléphérique ne résista pas plus d'une minute. L'espion n'hésita pas une seconde : il sauta par la fenêtre, s'accrocha au câble coupé et s'élança dans le vide. Ses agresseurs furent moins audacieux. Ils restèrent dans la cabine en espérant qu'elle allait poursuivre sa course, mais celle-ci les emporta avec elle et s'écrasa au fond du précipice.

À partir du CM2

1 Un choix difficile.

Lorsqu'il entra dans la boutique pour acheter un nouveau téléphone portable, il ne se doutait pas des problèmes qui allaient se poser. La vendeuse lui présenta de nombreux modèles tous plus beaux les uns que les autres et lui proposa des quantités d'options. Il résista à la tentation et se contenta d'un appareil simple, avec un abonnement de base.

2 La visite médicale.

Ce matin ne fut pas comme les autres. Le médecin scolaire décida d'examiner tous les élèves. Nous quittâmes nos pulls et nous nous alignâmes en attendant notre tour. Le médecin écouta notre cœur et demanda à chacun de tousser très fort. Ensuite, les élèves montèrent sur la balance et se mesurèrent. L'infirmière nota tous les renseignements.

3 Une nouvelle sirène.

Marie s'approcha du bord, tâta l'eau du bout de l'orteil et estima que la température était à sa convenance. Alors, elle se courba et, d'une brusque poussée, exécuta un magnifique plongeon, puis elle commença à faire des longueurs en nageant le crawl. Son entraîneur admira sa technique, mais il lui donna des conseils pour qu'elle arrive à maîtriser parfaitement ses mouvements de bras et ses battements de jambes.

4 Au marché.

Samedi, Virginie accompagna son père au marché. Avant de partir, maman dressa une liste de courses et leur recommanda de ne pas oublier les herbes aromatiques pour la soupe. Virginie et son père sillonnèrent toutes les allées ; ils sélectionnèrent des légumes et des fruits qu'ils entassèrent dans un grand sac. Chez le poissonnier, ils hésitèrent entre un colin et des rougets. Au retour, ils achetèrent un bouquet de fleurs pour maman.

5 Une journée bien remplie.

Les déménageurs arrivèrent très tôt et, en peu de temps, l'appartement ressembla à un entrepôt de meubles. Je regardai ces colosses jongler avec les fauteuils et les armoires. Soudain, tu fixas la fenêtre : ton lit venait de disparaître, happé par un élévateur installé au milieu de la rue. Le soir, nous examinâmes tous les recoins de l'appartement pour vérifier que nous n'avions rien oublié. Nous fûmes récompensés de notre dure journée par un repas bien mérité dans notre restaurant préféré.

6 L'angine.

Subitement, Fabien eut une poussée de fièvre. Il remonta la rue et regagna son appartement pour aller se coucher. Aussitôt, sa mère appela le médecin qui arriva quelques minutes plus tard. Il diagnostiqua une grosse angine et rassura toute la famille ; ce n'était pas contagieux. Fabien fut dispensé de cours pendant quatre jours ; il avala de nombreuses cuillères de sirop et croqua des pastilles de miel ; il eut beaucoup de temps pour lire ses bandes dessinées. Finalement, ce ne fut pas si pénible !

53 LE PASSÉ SIMPLE : VERBES DES 2e ET 3e GROUPES

• Au passé simple, tous les verbes du 2e groupe et une partie de ceux du 3e groupe ont les mêmes terminaisons formées sur la voyelle -i. Par exemple, pour **réagir** (2e groupe) et **entendre** (3e groupe) :
J'entendis un bruit et je réagis aussitôt.
Tu entendis un bruit et tu réagis aussitôt.
Elle entendit un bruit et elle réagit aussitôt.
Nous entendîmes un bruit et nous réagîmes aussitôt.
Vous entendîtes un bruit et vous réagîtes aussitôt.
Ils entendirent un bruit et ils réagirent aussitôt.

• Certains verbes du 3e groupe ont leurs terminaisons formées sur la lettre -u. Par exemple, pour **reconnaître** et **courir** :
Je le reconnus et je courus lui dire bonjour.
Tu le reconnus et tu courus lui dire bonjour.
Il le reconnut et il courut lui dire bonjour.
Nous le reconnûmes et nous courûmes lui dire bonjour.
Vous le reconnûtes et vous courûtes lui dire bonjour.
Ils le reconnurent et ils coururent lui dire bonjour.

⚠ Quelques verbes du 3e groupe modifient leur radical au passé simple.
vivre : je vécus **faire :** il fit **devoir :** ils durent **paraître :** tu parus

⚠ Le verbe **aller** (3e groupe) prend les terminaisons des verbes du 1er groupe.
allai – allas – alla – allâmes – allâtes – allèrent

À partir du CM1

1 Lorsque le thermomètre descendit au-dessous de zéro, il fallut se rendre à l'évidence : l'hiver était bel et bien là.

2 Alors qu'il croyait franchir en tête la ligne d'arrivée, un concurrent surgit à ses côtés. Il fit un dernier effort pour le distancer, mais il perdit la course de quelques secondes.

3 Peu après vingt heures, les lumières s'éteignirent. Le rideau s'ouvrit et le chanteur apparut, seul devant son micro. Il attendit que cessent les applaudissements et il entama sa première chanson.

4 Quand Jérémie entendit son nom, il prit un air détaché et fit comme si de rien n'était ; alors, le professeur répéta son nom et lui dit de venir réciter le poème. Cette fois, Jérémie fut bien obligé de se lever. Au moment où il allait enfin se lever, la sonnerie retentit comme par miracle !

À partir du CM2

1 La régate.

Alignés près de la bouée rouge, les voiliers attendaient le signal du départ. Aussitôt, celui aux voiles vertes se détacha du groupe et prit plusieurs longueurs d'avance. Il laissa dans son sillage une traînée blanche. Lorsqu'il fallut virer de bord, le barreur surveilla la hauteur des vagues et la direction du vent et la manœuvre se déroula sans problème. Son bateau franchit la ligne d'arrivée avec plus de cinq minutes d'avance sur ses concurrents.

2 Le lac de Paladru.

Le jour où Dimitri et ses amis voulurent se baigner dans le lac de Paladru, ils ne savaient pas qu'une surprise de taille les attendait. Lorsqu'il aperçut le lac, Dimitri courut pour arriver le premier. Mais il lui suffit de tremper un orteil dans l'eau pour s'apercevoir qu'elle était glacée. Il ne réussit même pas à y entrer jusqu'aux genoux et il sortit très vite. Ses amis n'essayèrent pas de se baigner ; ils préférèrent faire le tour du lac à pied.

3 Frayeur nocturne.

Ce soir-là, deux campeurs dressèrent leur tente à la lisière d'une épaisse forêt et ils allumèrent un feu. Subitement, des cris lugubres retentirent. Inquiets, ils décidèrent de veiller afin de ne pas être surpris par d'éventuels rôdeurs. Le lendemain matin, ils partirent vers le château féodal qui était tout proche. Dès leur entrée dans les ruines du donjon, des oiseaux nocturnes s'envolèrent. Ils comprirent alors que les rôdeurs avaient des ailes et ne leur feraient aucun mal.

4 Robinson et Vendredi.

Un jour de tempête, Robinson Crusoé fit naufrage au large d'une île déserte. Il put récupérer des outils dans les débris du navire. Il entreprit aussitôt la construction d'une cabane. Il réussit à cultiver des légumes et apprit à chasser les animaux sauvages. Un jour, il aperçut des traces de pas sur la plage. Il les suivit et découvrit un homme auquel il donna le nom de Vendredi.

5 Cendrillon au bal.

Cendrillon, qui n'avait pas de beaux habits pour se rendre au bal, finit par trouver une robe d'or et d'argent. Elle la mit en toute hâte et partit à la fête. Ni ses sœurs, ni sa belle-mère ne la reconnurent. Elles crurent que c'était la fille d'un roi étranger, tant elle était belle dans cette robe d'or.

6 Le Petit Poucet.

Le Petit Poucet se leva de bon matin et alla au bord d'un ruisseau où il emplit ses poches de petits cailloux blancs. Il revint ensuite à la maison et ne dit rien de tout ce qu'il savait à ses frères. Avec leurs parents, ils allèrent dans une forêt fort épaisse, où à dix pas de distance, on ne se voyait pas l'un l'autre. Le bûcheron se mit à couper du bois et les enfants à ramasser des brindilles pour faire des fagots. Le père et la mère, les voyant occupés à travailler, s'éloignèrent d'eux insensiblement, puis s'enfuirent tout à coup par un petit sentier.

54

LE PASSÉ SIMPLE : *TENIR* ET *VENIR*

Au passé simple, les verbes **tenir** et **venir** (et ceux de leur famille), ont des formes particulières qu'il faut retenir.
Je tins à persévérer et je vins enfin à bout du problème.
Tu tins à persévérer et tu vins enfin à bout du problème.
Il tint à persévérer et il vint enfin à bout du problème.
Nous tînmes à persévérer et nous vînmes enfin à bout du problème.
Vous tîntes à persévérer et vous vîtes enfin à bout du problème.
Elles tinrent à persévérer et elles vinrent enfin à bout du problème.

À partir du CM1

1 Nous comprîmes que nous étions dans une impasse et nous revînmes sur nos pas.

2 Après réflexion, je pris une décision et je m'y tins fermement. Rien ne put me faire changer d'avis.

3 Comme le téléphone portable que tu avais choisi était un peu rayé, tu obtins une importante réduction.

4 Tous les invités convinrent que le buffet était somptueux et ils se servirent sans retenue.

5 Jusqu'à la scène finale, le metteur en scène entretint le suspense ; on ne sut le nom du coupable que lorsque le détective reçut un ultime appel téléphonique.

6 Soudain, le ciel devint noir et l'orage éclata. Nous revînmes à la maison à toute vitesse mais nous ne parvînmes pas à échapper à la pluie qui nous trempa jusqu'aux os.

À partir du CM2

1 **La foire du Trône.**

Emma et son amie arrivèrent dès l'ouverture de la foire. D'abord, elles firent quelques tours de manège. Puis elles voulurent monter sur le grand huit. Là, elles connurent le grand frisson. Emma tint ensuite à pénétrer dans le palais des glaces où elles se perdirent. Heureusement, le propriétaire vint les délivrer.

2 **Marco Polo.**

Marco Polo avait entendu parler des merveilles que l'on pouvait trouver dans les pays mongols et il décida d'accompagner son père, en Asie. L'expédition chevaucha pendant des mois à travers les déserts. Enfin, ils parvinrent à la cour du Grand Khan, qui les reçut avec un grand faste. Marco Polo se plut tellement dans ce royaume qu'il y resta pendant seize ans.

3 **Guillaume Tell.**

Guillaume Tell et son fils descendaient au village. Sur la place, le tyran Gessler avait placé son chapeau en haut d'un mât, que tout le monde devait saluer. Guillaume Tell refusa. Gessler le fit arrêter et le sachant habile arbalétrier, il le condamna à traverser d'une flèche une pomme posée sur la tête de son fils. Guillaume Tell vint se placer à une centaine de pas, il visa et son projectile vint traverser la pomme en son centre. La foule applaudit et Gessler dut laisser passer Guillaume Tell et son fils.

4 **Une étrange rencontre.**

Lorsqu'il lut la nouvelle sur Internet, monsieur Robert n'en crut pas ses yeux : on venait d'apercevoir un lion dans le massif du Vercors ! Celui qui le vit le premier prévint tout de suite les gendarmes qui mirent en place des barrages pour prévenir les automobilistes. Un vétérinaire partit à la recherche du fauve, en vain. L'animal demeura introuvable. On sut, plus tard, que ce lion s'était tout simplement échappé d'un cirque de passage et qu'il avait été retrouvé par son dompteur.

5 **Un marathonien épuisé.**

Ce soir-là, mon frère revint fatigué de sa journée après un pénible marathon. Ma mère lui conseilla d'aller s'allonger mais il tint à veiller un peu. Pourtant, malgré ses efforts, il ne parvint pas à lutter contre le sommeil et s'endormit sur le canapé.

6 **Le voleur agile.**

Vers minuit, un événement survint. J'aperçus un individu qui s'échappait par la lucarne du toit du voisin. Il tirait un sac qui paraissait encombrant. Je prévins aussitôt la police. Elle intervint, mais trop tard. Entretemps, le voleur avait eu le temps de disparaître dans la nuit. Cependant, l'inspecteur tint à me poser des questions pour que je lui donne un signalement précis du fugitif.

55 LE PLUS-QUE-PARFAIT ET LE FUTUR ANTÉRIEUR

Pour aller plus loin

• Le **plus-que-parfait** de l'indicatif est formé avec l'imparfait de l'indicatif de **être** ou **avoir** et du participe passé du verbe à conjuguer.
J'avais fermé la porte et j'étais parti(e).
Tu avais fermé la porte et tu étais parti(e).
Elle avait fermé la porte et elle était partie.
Nous avions fermé la porte et nous étions parti(e)s.
Vous aviez fermé la porte et vous étiez parti(e)s.
Ils avaient fermé la porte et ils étaient partis.

• Le **futur antérieur** de l'indicatif est formé du futur simple de l'indicatif de l'auxiliaire (**être** ou **avoir**) et du participe passé du verbe à conjuguer.
Lorsque j'aurai fermé la porte, je partirai.
Lorsque tu auras fermé la porte, tu partiras.
Lorsqu'elle aura fermé la porte, elle partira.
Lorsque nous aurons fermé la porte, nous partirons.
Lorsque vous aurez fermé la porte, vous partirez.
Lorsqu'ils auront fermé la porte, ils partiront.

À partir du CM2

1 La course.
Lorsque tu auras repris ton souffle, tu me raconteras pourquoi tu as couru si vite jusqu'ici.

2 Le jeune chien.
D'un geste ferme, le grand frère de Gabriel avait maîtrisé le jeune chien fou qui avait renversé la vaisselle posée sur la table du jardin.

3 La leçon.
Si vous n'avez pas bien révisé, demain vous aurez oublié l'essentiel de la leçon et vous ne pourrez pas répondre correctement aux questions qui vous seront posées.

4 La combinaison de plongée.
Il y avait longtemps que j'avais envie d'une combinaison de plongée. Hier, j'ai reçu le catalogue que j'avais commandé, je l'ai examiné et j'ai comparé les différents modèles de combinaisons. Quand j'aurai fait mon choix, je demanderai à mes parents de me l'offrir pour mon anniversaire.

5 Une exposition réussie.
Les élèves avaient invité leurs parents à l'école pour qu'ils admirent l'exposition qu'ils avaient consacrée au *Petit Prince*. Ils avaient présenté le travail qu'ils avaient effectué pendant le trimestre, et ils avaient entraîné les adultes dans un voyage imaginaire. Les réactions de ces derniers les avaient beaucoup amusés. Certains avaient même fouillé dans le terrier pour voir s'il n'y avait pas un renard !

56 LE PRÉSENT DU CONDITIONNEL

Pour aller plus loin

• Au conditionnel, tous les verbes prennent les mêmes terminaisons.
Par exemple, pour **arroser** (1er groupe), **remplir** (2e groupe) et **prendre** (3e groupe) :

Si besoin, je prendrais un arrosoir, je le remplirais et j'arroserais.
Si besoin, tu prendrais un arrosoir, tu le remplirais et tu arroserais.
Si besoin, elle prendrait un arrosoir, elle le remplirait et elle arroserait.
Si besoin, nous prendrions un arrosoir, nous le remplirions et nous arroserions.
Si besoin, vous prendriez un arrosoir, vous le rempliriez et vous arroseriez.
Si besoin, ils prendraient un arrosoir, ils le rempliraient et ils arroseraient.

• Pour certains verbes du 3e groupe, le radical est modifié, comme au futur simple.

vouloir : je voudrais — **faire :** il ferait — **venir :** nous viendrions
savoir : vous sauriez — **courir :** tu courrais — **devoir :** ils devraient

⚠ Attention à ne pas confondre la 1re personne du singulier du **conditionnel** avec la 1re personne du singulier du **futur**.
Futur : J'irai te voir demain.
Conditionnel : J'irais te voir, si j'avais le temps.

À partir du CM2

1 L'alarme.
Si un voleur se glissait au milieu de la nuit dans le centre commercial, l'alarme retentirait aussitôt et les policiers arriveraient sans tarder.

2 Le ballon.
Manon ne lâcherait son ballon rouge sous aucun prétexte, sinon il s'envolerait et, à cause du vent, on ne le retrouverait sans doute jamais.

3 Le retour.
Si je retournais dans la ville où je suis né, je reverrais le quartier où j'ai grandi. Je trouverais sûrement qu'il a bien changé car j'ai appris que des immeubles ont remplacé les anciens ateliers.

4 L'arbre généalogique.
Pour reconstituer l'arbre généalogique de votre famille, il faudrait que vous cherchiez des renseignements sur Internet ou dans les archives de la mairie. Vous y trouveriez de nombreux renseignements à partir des noms de vos parents et de vos grands-parents.

5 Une passion dévorante.
Jade adore raconter des histoires et elle est excellente en français. Plus tard, elle voudrait écrire des romans et se verrait bien signer des dédicaces à ses admirateurs. Mais, elle ne devrait pas négliger les autres matières, surtout les mathématiques car cela pourrait lui jouer des tours au collège.

57 LE PRÉSENT DU SUBJONCTIF

Pour aller plus loin

• Au présent du subjonctif, tous les verbes prennent les mêmes terminaisons. On intercale l'élément -ss- entre le radical et la terminaison des verbes du 2e groupe.
Par exemple, pour les verbes **écouter** (1er groupe), **réfléchir** (2e groupe) et **prendre** (3e groupe)
Il faut que j'écoute, que je réfléchisse et que je prenne mon temps.
Il faut que tu écoutes, que tu réfléchisses et que tu prennes ton temps.
Il faut qu'elle écoute, qu'elle réfléchisse et qu'elle prenne son temps.
Il faut que nous écoutions, que nous réfléchissions et que nous prenions notre temps.
Il faut que vous écoutiez, que vous réfléchissiez et que vous preniez votre temps.
Il faut qu'ils écoutent, qu'ils réfléchissent et qu'ils prennent leur temps.

• Le radical de certains verbes est modifié. Par exemple :
savoir : que je sache
lire : que nous lisions
pouvoir : que vous puissiez
aller : que tu ailles (mais que nous allions)
venir : qu'il vienne (mais que nous venions)
devoir : qu'ils doivent (mais que nous devions)

! Au présent du subjonctif, la conjugaison de **être** et **avoir** est particulière ; il faut la retenir :
avoir : que j'aie, que tu aies, qu'il ait, que nous ayons, que vous ayez, qu'ils aient
être : que je sois, que tu sois, qu'il soit, que nous soyons, que vous soyez, qu'ils soient

À partir du CM1

1 Pour vous rendre à l'étranger, il convient que vous ayez votre carte d'identité ou votre passeport.

2 Il faut que nous consultions un dictionnaire si nous voulons que notre texte n'ait pas de fautes.

3 Le professeur regrette que nous restions silencieux lorsqu'il pose des questions en anglais.

4 Il est possible que la gardienne ne soit pas dans sa loge ; je crois qu'elle nettoie le couloir.

5 Dans le métro et dans le bus, il est normal que les personnes âgées puissent s'asseoir, surtout s'il y a beaucoup de monde.

6 Lorsque tu démarres un nouveau jeu sur ta console, il est important que tu en connaisses bien les règles pour que tu saches quels pièges guettent ton personnage.

À partir du CM2

1 De la patience.
Je doute que tu parviennes à franchir cette haie ; elle est bien trop haute pour un cavalier débutant. Il faut que tu fasses encore des progrès avant d'aborder de tels obstacles.

2 Le tennis.
Je te prête ma raquette à condition que tu écoutes mes conseils. D'abord, il est nécessaire que tu saches te placer. Au début, il est possible que tu ne réussisses pas tes services, mais il ne faut pas que tu te décourages.

3 Circulation dangereuse !
Pour traverser cette avenue, il faut que tu attendes que tous les véhicules soient passés, il ne s'agit pas que tu ailles te faire renverser par un conducteur pressé ! Il est donc préférable que tu sois prudent et que tu perdes quelques minutes.

4 Une vocation précoce.
Si Nadia veut faire du théâtre, il faut d'abord qu'elle prenne des leçons de diction et de maintien. En effet, il est indispensable qu'une comédienne sache parler en public et qu'elle puisse rester longtemps devant la caméra sans avoir l'air fatiguée.

5 La séance des devoirs.
Il faut que vous terminiez vos devoirs et que vous révisiez vos leçons avant d'aller vous coucher. Je veux aussi que vous me récitiez votre poésie. Comme c'est la fin du trimestre, il se peut qu'il y ait un contrôle demain et il ne faut pas que vous ayez une mauvaise note.

6 Un cruel échec.
Le gymnaste a fait une brillante démonstration à la barre fixe. Maintenant, il faut qu'il accomplisse une demi-vrille et qu'il réussisse sa sortie. Soudain, sa main glisse et il chute. Bien qu'il ait répété cet exercice des dizaines de fois, un coup de malchance est toujours possible.

58 LE PRÉSENT DE L'IMPÉRATIF

• Le présent de l'impératif ne se conjugue qu'à trois personnes : 2e du singulier, 1re et 2e du pluriel.

• À la 2e personne du singulier,
– les verbes du 1er groupe se terminent par **-e** : chante
– les verbes du 2e groupe se terminent par **-s** : finis
– les verbes du 3e groupe se terminent par **-s** ou par **-e** : écris – cueille

• À la 1re personne du pluriel, la terminaison est toujours **-ons**.

• À la 2e personne du pluriel, la terminaison est toujours **-ez**, sauf pour **faire** et **dire** : faites – dites.
Par exemple, pour **tremper** (1er groupe), **saisir** (2e groupe) et **peindre** (3e groupe) :
– 2e pers. du singulier : Saisis un pinceau, trempe-le dans le pot et peins le mur.
– 1re pers. du pluriel : Saisissons un pinceau, trempons-le dans le pot et peignons le mur.
– 2e pers. du pluriel : Saisissez un pinceau, trempez-le dans le pot et peignez le mur.

• Le radical de certains verbes est modifié. Par exemple :
savoir : sache, sachons, sachez
faire : fais, faisons, faites
aller : va (mais allons, allez)
tenir : tiens (mais tenons, tenez)

⚠ Au présent de l'impératif, la conjugaison de **être** et **avoir** est particulière ; il faut la retenir :
avoir : aie, ayons, ayez
être : sois, soyons, soyez

À partir du CM1

1 Écris l'adresse et le code postal, puis timbre ton enveloppe avant de la poster.

2 Ta petite sœur est très jeune ; lis-lui une histoire et sois patient avec elle.

3 Avant d'entrer, essuyez vos pieds sur le paillasson.

4 Finissez votre travail et ne faites pas de bruit.

5 Si tu arrives le premier sur le lieu d'un accident, allonge la victime et sache garder ton calme.

6 Après ta journée de ski, quitte tes chaussures, enfile tes chaussons et place tes vêtements près du radiateur.

À partir du CM2

1 Une visite.
Pour aller sur le chemin de ronde de la vieille ville, prends la première rue à gauche, suis-la pendant cent mètres, puis tourne à droite et emprunte l'escalier. Descends jusqu'à la terrasse. Te voilà arrivé.

2 Le thé glacé.
Verse de l'eau bouillante sur le thé vert et sur les feuilles de menthe. Laisse infuser dix minutes, remue bien et filtre. Passe au mixeur avec des glaçons. Sers le thé glacé dans un verre et bois à petites gorgées.

3 Conseils à un bricoleur.
Avant d'encastrer le réfrigérateur, mesurez les dimensions de la niche. Ne placez pas l'appareil trop près du mur. Branchez-le, glissez-le dans la niche et alignez-le avec les autres meubles de la cuisine.

4 Surprise assurée.
Voici un tour de magie facile : prends un verre d'eau, remplis-le à ras bord, recouvre-le d'un morceau de carton en appuyant un peu. Retourne alors rapidement le verre et lâche le carton. L'eau ne s'écoule pas !

5 La leçon de ski.
Le moniteur de ski donne une leçon à Benjamin : « Plie tes genoux, penche-toi en avant pour mieux contrôler tes skis et n'oublie pas de planter ton bâton lorsque tu amorces un virage. Essaie de ne pas prendre trop de vitesse et reste appuyé sur le ski aval. ». Pour le récompenser de ses efforts, le moniteur le conduit au sommet de la piste rouge et il lui dit : « Suis-moi et tu deviendras un champion ! ».

6 Des consignes précises.
Le mécanicien donne des consignes à l'apprenti : « Ouvre le capot, prends une clé de 12, démonte les bougies et remplace-les. Saisis une burette d'huile et graisse les pignons des roues. Vérifie les différents niveaux et referme le capot. Remplis le réservoir d'essence, enfin lave-toi les mains avant de rendre les clés. »

59 CONJUGUER LES VERBES TERMINÉS PAR -*YER*, -*ETER*, -*ELER*

• Pour les verbes terminés par -yer à l'infinitif, on transforme le y en i devant les terminaisons débutant par un **e muet**.
Par exemple, pour les verbes **essuyer** et **balayer** :
J'essuie les meubles et tu balaies le sol.
Nous essuierons les meubles et vous balaierez le sol.

• La plupart des verbes terminés par -eler et -eter à l'infinitif doublent leur consonne quand la voyelle de leur radical se prononce **(è)**.
Par exemple, pour **appeler** et **jeter** :
Tu jettes un caillou (mais Nous jetons un caillou).
J'appelle mes amis (mais vous appelez vos amis).

⚠ Au lieu de doubler la consonne, quelques verbes prennent un accent grave quand la voyelle de leur radical se prononce **(è)**.
Elle achète des pommes et elle les pèle.
Ils achèteront des pommes et ils les pèleront.

À partir du CM2

1 Coup de filet.
Les policiers déploieront les grands moyens et ils démantèleront un vaste réseau de cambrioleurs.

2 Envoi.
Le magasinier ficelle les colis, puis il les étiquette avant de les placer dans le conteneur à destination de Paris.

3 Le faux dragon.
Le train fantôme est une attraction sans danger, même si le dragon qui jette des flammes effraie les visiteurs.

4 La pêche industrielle.
Sur le chalutier, les pêcheurs déploient d'immenses filets. Ils les remonteront, puis rejetteront les petits poissons à la mer pour ne conserver que les gros.

5 Question de rapidité.
On ne s'ennuie pas avec le nouveau jeu télévisé. Dès que le présentateur pose une question, il faut téléphoner le plus vite possible pour donner la réponse. Chacun déploie une intense activité : maman feuillette le dictionnaire, je cherche sur Internet, et papa appelle quand on a trouvé.

6 France-Italie.
À la mi-temps, le score était toujours nul. Soudain, à deux minutes du coup de sifflet final, le capitaine français harcèle la défense adverse et se fraie un étroit passage ; il feinte la passe, crochète un adversaire et envoie le ballon au fond des buts italiens. L'équipe de France est qualifiée !

60 CONJUGUER LES VERBES TERMINÉS PAR *-CER* ET *-GER*

• Afin de conserver **le son (s)**, les verbes terminés par -cer à l'infinitif prennent **une cédille sous le c** devant les voyelles **a** et **o**.
Je lance la balle. Nous lançons la balle. Il lançait la balle.

• Afin de conserver **le son (je)**, les verbes terminés par -ger à l'infinitif prennent **un e après le g** devant les voyelles **a** et **o**.
Ils allongent le blessé. Nous allongeons le blessé. Tu allongeais le blessé.

À partir du CM1

1 Nous longeons un couloir interminable, puis nous nous dirigeons vers la sortie.

2 Après la séance de peinture, nous rinçons les gobelets et nous rangeons les pinceaux.

3 Les rois de France finançaient leurs guerres en prélevant de lourds impôts sur les gens les plus pauvres ; c'était un système très inégalitaire.

4 Nous commençons à nous lasser des chansons qui sont sur notre ordinateur ; et si on les remplaçait par de nouvelles ? C'est ça, changeons de musique !

5 À la cantine, nous mangeons volontiers les saucisses avec la purée, mais nous renonçons tout aussi volontiers au gratin d'épinards et aux carottes.

À partir du CM2

1 **Le retour des cosmonautes.**
Notre vaisseau commence à accélérer pour quitter l'orbite. Le commandant vérifie, puis rectifie la trajectoire pour assurer notre retour dans l'atmosphère. Nous nous déplaçons à une vitesse incroyable, mais à aucun moment nous n'envisageons la catastrophe.

2 **Une promenade interrompue.**
D'épais nuages noirs se dirigent sur la vallée : nous abrégeons notre promenade pour rejoindre le refuge. De grosses gouttes nous obligent à accélérer. Subitement, la pluie balaie la route et nous pataugeons dans les flaques d'eau. Nous nous réfugions sous une grange pour éviter d'être trempés jusqu'aux os.

3 **La légende d'une île.**
Au centre de l'île, des grondements annonçaient le réveil du volcan. Il dégorgeait alors une épaisse lave rouge qui emportait tout sur son passage. Alors, le fils du Soleil jugeait qu'il était temps de satisfaire le monstre. Il quittait son peuple et partait dans la montagne. Parvenu au bord du cratère, il saluait les dieux et il plongeait dans la fournaise. Avec ce sacrifice, le feu s'éteignait et la nature s'apaisait.

Vers la 6e

Pour un entraînement en autonomie, les 25 dictées *Vers la 6e* ont été enregistrées. Leurs fichiers audio sont téléchargeables gratuitement sur www.bled.hachette-education.com.

Dictée 1

Une régate disputée

En ce matin ensoleillé du mois de septembre, le club des Sirènes organise une régate sur le Lac du Bourget. Dès le signal du départ, Yvon fonce, toutes voiles dehors, vers la première bouée. Comme il fait la course en tête, il se voit déjà brandissant la coupe décernée au vainqueur. Mais il ne se méfie pas du voilier bleu qui le menace et qui réussit à le devancer sur la ligne d'arrivée. Yvon obtient quand même une place sur le podium, car il est second.

Dictée 2

Au Groenland

Les Inuits sont les habitants du Groenland. Ils doivent survivre dans des conditions difficiles, mais ils sont capables de s'adapter au froid et aux longs hivers. Au milieu des icebergs, ils parcourent les eaux glacées sur leurs kayaks à la poursuite des phoques, dont ils consomment la viande et dont ils utilisent les peaux pour s'habiller. Avec le reste des carcasses, ils nourrissent leurs chiens qui, le soir, n'en finissent pas d'aboyer en chœur devant les igloos.

Dictée 3

La marée noire

Un pétrolier vétuste, aux cuves remplies, a fait naufrage au large de la Bretagne. Aussitôt, un liquide épais et visqueux a flotté à la surface de l'eau. De grandes plaques noires ont dérivé vers les côtes et ont causé la mort de nombreux oiseaux et de milliers de poissons. Les habitants des villages environnants se sont portés volontaires pour nettoyer les plages polluées.

Dictée 4

Un western

Les habitants sont inquiets, car des cavaliers inconnus arrivent en ville. Chacun d'eux attache son cheval et resserre sa ceinture de pistolets. À l'intérieur du saloon, le patron craint pour son matériel car les bagarres sont fréquentes. Les clients attablés observent du coin de l'œil les nouveaux arrivants, mais ils sont seulement venus boire un verre. Derrière son comptoir, le serveur respire mieux.

Dictée 5

Un charme qui disparaît

Quand les touristes étrangers traversent notre pays, du nord au sud, ils sont parfois surpris de la banalité des demeures, toutes construites avec les mêmes matériaux produits en série. Alors qu'autrefois, rien n'était plus différent qu'un pavillon normand à colombages, surmonté d'un toit de chaume, ou qu'un chalet montagnard couvert de pierres. Désormais, dans le bâtiment, l'uniformité l'emporte souvent sur la beauté.

Dictée 6

Le tunnel sous la Manche

Pour relier la France à l'Angleterre, on a creusé un tunnel sous la Manche. Des engins qui ressemblaient à des araignées géantes ont percé sans difficulté le fond de la mer. À chacune des entrées du tunnel, on a construit des quais d'embarquement car ce sont des trains qui transportent les véhicules des voyageurs d'un bout à l'autre. Des cheminées d'aération ont été aménagées, car il fallait penser à la sécurité des passagers. Aujourd'hui, on peut dire que la traversée de la Manche n'est qu'une simple formalité !

Dictée 7

Le climat de demain

C'est sans doute de l'espace que viendra la possibilité de prévoir le climat de demain. Déjà, les instruments installés à bord des satellites nous apportent une quantité de renseignements. Ils collectent des données sur la température et l'humidité de l'air ; à des dizaines de kilomètres, ils voient la moitié de la Terre. C'est en effet du sol ou de la mer que l'atmosphère tire l'essentiel de son énergie et détermine la variété des climats.

Dictée 8

La vie moderne

Dans les grandes villes, il souffle un vent de folie. Toute la journée, les gens courent après le temps. Dès le lever du soleil, les activités se succèdent : boire son café, s'habiller, partir travailler, courir de tous les côtés. Quelle triste réalité ! Les chaussées sont encombrées par des voitures, des camionnettes, des bus... : l'air est pollué. Le soir, il faut prendre le métro, s'occuper des courses. Et, dans la soirée, alors que chacun profite d'un peu de tranquillité, la publicité envahit les écrans.

Dictée 9

Les safaris

En Afrique, beaucoup de touristes participent à des safaris photos. Sous la conduite d'un guide, ils vont dans des réserves où l'on ne se déplace qu'en véhicule tout-terrain. Pourtant, il arrive parfois que malgré la prudence du conducteur, des buffles renversent le véhicule. Mais la plupart du temps, tout se passe bien. Les touristes photographient des bêtes qu'ils n'ont jamais eu l'occasion de voir. Ils rapportent ainsi des souvenirs à montrer plus tard à leurs amis.

Dictée 10

Un réveil difficile

Pour profiter des vacances, nous réglons le réveil pour qu'il sonne à sept heures. Je bondis aussitôt hors du lit. Certains jours, je prends mon petit déjeuner seul, parfois mes parents se joignent à moi. Nous parlons de la journée à venir. Quand mon frère Arnaud survient, il est mécontent parce que nous ne l'avons pas attendu. Il s'assied devant son bol de céréales. Je lui dis : « Bonjour, tout va bien ? » Il fait une grimace, mais sa bonne humeur revient vite. « Oui, assure-t-il. Que faisons-nous aujourd'hui ? »

Dictée 11

Un désir de pureté

Lorsque je serai une tornade, explique Jordan à ses camarades, j'emporterai dans un tourbillon les cheminées qui crachent une fumée noire ; je raserai les pylônes disgracieux, puis j'aspirerai tous les produits dangereux qui recouvrent les champs. On me surnommera la tornade écologique.

Dictée 12

Une comptine

En janvier, nous fêterons le nouvel an,
En février, le Carnaval reviendra,
En mars, la neige fondra,
En avril, les premières fleurs apparaîtront,
En mai, je cueillerai du muguet,
En juin, l'école fermera ses portes,
En juillet, tu partiras en vacances,
En août, nous irons chez notre grand-mère,
En septembre, vous reviendrez à l'école,
En octobre, mon grand frère se mariera,
En novembre, on ressortira les anoraks,
En décembre, le Père Noël m'apportera des cadeaux !

Dictée 13

Les travaux de peinture

Pour rénover son appartement, madame Valin a fait appel à un peintre. Dès son arrivée, il s'est mis à la tâche. Il a commencé par ôter les papiers peints usagés et a bouché les trous des murs avec une pâte blanche. Il a repeint les portes et a tapissé la salle de séjour. Tous ces travaux sont très gênants ; c'est pourquoi madame Valin a hâte que tout soit terminé.

Dictée 14

Tempête sur l'océan

Soudain, une énorme vague arriva de l'horizon. Le vent redoubla de violence et les voiles se déchirèrent le long des coutures. Le navigateur eut juste le temps de grimper à mi-hauteur du mât quand la vague déferla. Le voilier s'inclina sous le choc. Des paquets d'eau déplacèrent en un instant tout ce qui se trouvait sur le pont. Pourtant, le bateau se releva lentement et l'énorme vague passa. Descendu du mât, le navigateur solitaire constata les dégâts : il avait perdu son canot de sauvetage, emporté par les flots.

Dictée 15

Des nouvelles tant attendues

Je n'avais pas de nouvelles de mon ancienne voisine, Amélie, jusqu'au jour où je reçus enfin une lettre. Je l'ouvris et je reconnus aussitôt son écriture. Je parcourus la première page et j'appris ainsi qu'Amélie vivait maintenant au Canada où ses parents avaient trouvé du travail. Ensuite, je découvris qu'elle se plaisait beaucoup dans ce nouveau pays.

Dictée 16

Avant la fée électricité

Il est difficile d'imaginer la vie de nos ancêtres lorsqu'il n'y avait pas d'électricité dans les habitations. On ignorait ce que pouvait être un poste de radio, une télévision, un téléphone et encore moins un ordinateur ! Le soir venu, toute la famille se déplaçait un bougeoir à la main. Dans de telles conditions, les veillées ne se prolongeaient guère, chacun jugeant sans doute qu'il serait mieux dans son lit.

Dictée 17

De la gloire à l'exil

Napoléon Ier naquit en Corse en 1769. Très jeune, il partit étudier sur le continent. Nommé général, il obtint le commandement de l'armée d'Italie. Quelques mois lui suffirent pour remporter des victoires. Rentré en France, il devint consul, puis empereur. Pendant des années, il parcourut l'Europe à la poursuite des armées ennemies. Mais, en 1815, il subit une sévère défaite à Waterloo et ses adversaires le firent prisonnier. Il mourut en exil à Sainte-Hélène en 1821.

Dictée 18

Un rêve

J'aimerais qu'avec mon amie Nadia nous partions toutes seules en vacances. Nous choisirions d'aller au bord de la mer. Nous camperions près de la plage. Je me baignerais tous les matins pendant que Nadia se ferait bronzer, car elle n'aime pas trop les vagues. L'après-midi, nous irions nous promener et nous prendrions des photos. Le soir, nous lirions ou nous écouterions de la musique sur le portable de Nadia devant un feu de bois. Malheureusement, je ne pense pas que nos parents seront d'accord.

Dictée 19

Le haras

Avec les élèves de sa classe, Xavier visite le haras de Cluny où vivent des chevaux de race. Un employé les conduit vers les écuries et leur remet un petit texte pour que chacun comprenne les explications. Les élèves apprennent ainsi à distinguer les forts percherons des pur-sang arabes et à ne pas s'étonner qu'il faille changer leurs litières plusieurs fois par jour. Il arrive que les étalons soient malades ; on appelle alors les meilleurs vétérinaires, car il faut que ces chevaux puissent perpétuer la qualité de cet élevage.

Dictée 20

Le far breton

Mets les pruneaux à tremper dans un peu de rhum. Allume le bas du four. Avec une cuillère en bois mélange dans un saladier la farine, le sucre, le sel et les œufs battus en omelette. Ajoute peu à peu le lait froid et les pruneaux. Beurre un plat creux dans lequel tu verses la pâte. Mets à four très chaud pendant quinze minutes, puis baisse le thermostat et laisse cuire une heure. Sers dans le plat de cuisson. Bon appétit !

Dictée 21

Un objet électronique

Diane fabrique un sablier électronique. Elle assemble les différentes pièces avec soin et place les petits transistors sur le circuit imprimé. Son travail achevé, elle le montre à ses parents qui admirent l'objet, mais cherchent son utilité. « C'est un minuteur pour faire cuire les œufs à la coque », proclame fièrement Diane. « Tu l'essaies aujourd'hui ? », demande maman.

Dictée 22

Un nouveau compagnon

Un jour, Nadine a remarqué un petit chien au bas de son immeuble : il avait sûrement été abandonné. Elle a été touchée par son regard apeuré ; ensemble, ils sont montés chez elle et Nadine lui a aussitôt donné un nom : Caramel, à cause de la couleur de ses poils. Même s'il semblait affamé, il a tout d'abord refusé de manger. Au bout de quelques heures, enfin rassuré, Caramel a décidé de s'avancer vers une gamelle pleine de croquettes.

Dictée 23

Les Vikings

Au xe siècle, les Vikings sont partis de Suède et ont voulu envahir la France. Mais les habitants avaient bâti des châteaux forts pour se protéger. Ils ont ainsi vécu à l'abri de hautes murailles d'où ils ont vu venir leurs ennemis. Quand ceux-ci se sont approchés, ils ont reçu des pierres et de l'huile bouillante. Les Vikings ont cru ces châteaux imprenables et ils sont repartis dans leur pays.

Dictée 24

La grotte de la Balme

Marco et son parrain sont allés visiter la grotte de la Balme. Quand ils sont arrivés devant l'entrée, Marco a découvert une immense ouverture creusée dans la falaise. Un guide les a conduits dans les galeries où ils ont pu admirer des stalagmites. Ils ont constaté que des chauves-souris avaient adopté cette grotte pour y passer leur vie. Marco a pensé aux premiers hommes qui ont pénétré dans cette grotte où il n'y avait pas de lumière.

Dictée 25

Les joies du canoë

Le torrent roule des eaux tumultueuses et ce n'est pas une petite aventure que de s'y risquer. Il faut d'abord bien se protéger la tête et enfiler un gilet de sauvetage. Ensuite, on doit éviter de s'approcher trop près des rochers que le canoë pourrait heurter. Ce sport est réservé, bien sûr, aux personnes bien entraînées et habituées à ce type de descente.

Tableaux de conjugaison

• Les nouveaux programmes classent les verbes selon leur terminaison à l'infinitif : verbes en *-er*, en *-ir*, en *-dre*, en *-oir*...

Pour ne pas dérouter les parents, nous avons conservé dans cet ouvrage les dénominations de « groupes » ; voici leur correspondance avec les nouvelles appellations :
– verbes du 1er groupe → verbes en *-er* (sauf *aller*)
verbes du 2e groupe → verbes en *-ir* (comme *finir*)
– verbes du 3e groupe → autres verbes (verbes en *-dre*, en *-oir*, en *-ir* [comme *courir*])

• L'astérisque (*) signale les temps ou les modes qui seront étudiés au collège.

PRINCIPAUX MODÈLES

1er GROUPE (verbes en *-er* sauf *aller*)	2e GROUPE (verbes en *-ir* comme *finir*)	3e GROUPE (autres verbes)
parler	**finir**	**venir**
INDICATIF		
Présent		
je parle tu parles il parle ns parlons vs parlez ils parlent	je finis tu finis il finit ns finissons vs finissez ils finissent	je viens tu viens il vient ns venons vs venez ils viennent
Imparfait		
je parlais tu parlais il parlait ns parlions vs parliez ils parlaient	je finissais tu finissais il finissait ns finissions vs finissiez ils finissaient	je venais tu venais il venait ns venions vs veniez ils venaient
Futur		
je parlerai tu parleras il parlera ns parlerons vs parlerez ils parleront	je finirai tu finiras il finira ns finirons vs finirez ils finiront	je viendrai tu viendras il viendra ns viendrons vs viendrez ils viendront
Passé composé		
j' ai parlé tu as parlé il a parlé ns avons parlé vs avez parlé ils ont parlé	j' ai fini tu as fini il a fini ns avons fini vs avez fini ils ont fini	je suis venu(e) tu es venu(e) il est venu ns sommes venu(e)s vs êtes venu(e)s ils sont venus
Passé simple		
je parlai tu parlas il parla ns parlâmes vs parlâtes ils parlèrent	je finis tu finis il finit ns finîmes vs finîtes ils finirent	je vins tu vins il vint ns vînmes vs vîntes ils vinrent

DE CONJUGAISON

1er GROUPE (verbes en *-er* sauf *aller*)	2e GROUPE (verbes en *-ir* comme *finir*)	3e GROUPE (autres verbes)
parler	**finir**	**venir**
INDICATIF		
Plus-que-parfait*		
j' avais parlé	j' avais fini	j' étais venu(e)
tu avais parlé	tu avais fini	tu étais venu(e)
il avait parlé	il avait fini	il était venu
ns avions parlé	ns avions fini	ns étions venu(e)s
vs aviez parlé	vs aviez fini	vs étiez venu(e)s
ils avaient parlé	ils avaient fini	ils étaient venus
Futur antérieur*		
j' aurai parlé	j' aurai fini	je serai venu(e)
tu auras parlé	tu auras fini	tu seras venu(e)
il aura parlé	il aura fini	il sera venu
ns aurons parlé	ns aurons fini	ns serons venu(e)s
vs aurez parlé	vs aurez fini	vs serez venu(e)s
ils auront parlé	ils auront fini	ils seront venus

CONDITIONNEL*		
je parler**ais**	je finir**ais**	je viendr**ais**
tu parler**ais**	tu finir**ais**	tu viendr**ais**
il parler**ait**	il finir**ait**	il viendr**ait**
ns parler**ions**	ns finir**ions**	ns viendr**ions**
vs parler**iez**	vs finir**iez**	vs viendr**iez**
ils parler**aient**	ils finir**aient**	ils viendr**aient**

SUBJONCTIF PRÉSENT*		
que je parl**e**	que je finiss**e**	que je vienn**e**
que tu parl**es**	que tu finiss**es**	que tu vienn**es**
qu' il parl**e**	qu' il finiss**e**	qu' il vienn**e**
que ns parl**ions**	que ns finiss**ions**	que ns ven**ions**
que vs parl**iez**	que vs finiss**iez**	que vs ven**iez**
qu' ils parl**ent**	qu' ils finiss**ent**	qu' ils vienn**ent**

IMPÉRATIF		
parl**e**	fini**s**	vien**s**
parl**ons**	finiss**ons**	ven**ons**
parl**ez**	finiss**ez**	ven**ez**

PARTICIPE PRÉSENT		
parlant	finissant	venant

3e GROUPE (autres verbes)		
prendre	**vouloir**	**offrir**
INDICATIF		
Présent		
je prends	je veux	j' offre
tu prends	tu veux	tu offres
il prend	il veut	il offre
ns prenons	ns voulons	ns offrons
vs prenez	vs voulez	vs offrez
ils prennent	ils veulent	ils offrent
Imparfait		
je prenais	je voulais	j' offrais
tu prenais	tu voulais	tu offrais
il prenait	il voulait	il offrait
ns prenions	ns voulions	ns offrions
vs preniez	vs vouliez	vs offriez
ils prenaient	ils voulaient	ils offraient
Futur		
je prendrai	je voudrai	j' offrirai
tu prendras	tu voudras	tu offriras
il prendra	il voudra	il offrira
ns prendrons	ns voudrons	ns offrirons
vs prendrez	vs voudrez	vs offrirez
ils prendront	ils voudront	ils offriront
Passé composé		
j' ai pris	j' ai voulu	j' ai offert
tu as pris	tu as voulu	tu as offert
il a pris	il a voulu	il a offert
ns avons pris	ns avons voulu	ns avons offert
vs avez pris	vs avez voulu	vs avez offert
ils ont pris	ils ont voulu	ils ont offert
Passé simple		
je pris	je voulus	j' offris
tu pris	tu voulus	tu offris
il prit	il voulut	il offrit
ns prîmes	ns voulûmes	ns offrîmes
vs prîtes	vs voulûtes	vs offrîtes
ils prirent	ils voulurent	ils offrirent

3e GROUPE (autres verbes)		
prendre	**vouloir**	**offrir**

INDICATIF

Plus-que-parfait*

prendre	vouloir	offrir
j' avais pris	j' avais voulu	j' avais offert
tu avais pris	tu avais voulu	tu avais offert
il avait pris	il avait voulu	il avait offert
ns avions pris	ns avions voulu	ns avions offert
vs aviez pris	vs aviez voulu	vs aviez offert
ils avaient pris	ils avaient voulu	ils avaient offert

Futur antérieur*

prendre	vouloir	offrir
j' aurai pris	j' aurai voulu	j' aurai offert
tu auras pris	tu auras voulu	tu auras offert
il aura pris	il aura voulu	il aura offert
ns aurons pris	ns aurons voulu	ns aurons offert
vs aurez pris	vs aurez voulu	vs aurez offert
ils auront pris	ils auront voulu	ils auront offert

CONDITIONNEL*

prendre	vouloir	offrir
je prendrais	je voudrais	j' offrirais
tu prendrais	tu voudrais	tu offrirais
il prendrait	il voudrait	il offrirait
ns prendrions	ns voudrions	ns offririons
vs prendriez	vs voudriez	vs offririez
ils prendraient	ils voudraient	ils offriraient

SUBJONCTIF PRÉSENT*

prendre	vouloir	offrir
que je prenne	que je veuille	que j' offre
que tu prennes	que tu veuilles	que tu offres
qu' il prenne	qu' il veuille	qu' il offre
que ns prenions	que ns voulions	que ns offrions
que vs preniez	que vs vouliez	que vs offriez
qu' ils prennent	qu' ils veuillent	qu' ils offrent

IMPÉRATIF

prendre	vouloir	offrir
prends	veux	offre
prenons	voulons	offrons
prenez	voulez *ou* veuille *ou* veuillez	offrez

AVOIR

INDICATIF

Présent	Imparfait	Futur
j' ai	j' avais	j' **aurai**
tu as	tu avais	tu auras
il a	il avait	il aura
ns avons	ns avions	ns aurons
vs avez	vs aviez	vs aurez
ils ont	ils avaient	ils auront
Passé composé	**Passé simple**	**Plus-que-parfait***
j' ai eu	j' eus	j' avais eu
tu as eu	tu eus	tu avais eu
il a eu	il **eut**	il avait eu
ns avons eu	ns eûmes	ns avions eu
vs avez eu	vs eûtes	vs aviez eu
ils ont eu	ils eurent	ils avaient eu
Futur antérieur*		
j' **aurai eu**		
tu auras eu		
il aura eu		
ns aurons eu		
vs aurez eu		
ils auront eu		

CONDITIONNEL*

Présent
j' **aurais**
tu aurais
il aurait
ns aurions
vs auriez
ils auraient

IMPÉRATIF

Présent
aie
ayons
ayez

SUBJONCTIF*

Présent
que j' **aie**
que tu aies
qu' il ait
que ns **ayons**
que vs ayez
qu' ils aient

PARTICIPE

Présent
ayant

ÊTRE

INDICATIF		
Présent	**Imparfait**	**Futur**
je suis	j' étais	je **serai**
tu es	tu étais	tu seras
il est	il était	il sera
ns sommes	ns étions	ns serons
vs êtes	vs étiez	vs serez
ils sont	ils étaient	ils seront
Passé composé	**Passé simple**	**Plus-que-parfait***
j' ai été	je fus	j' avais été
tu as été	tu fus	tu avais été
il a été	il **fut**	il avait été
ns avons été	ns fûmes	ns avions été
vs avez été	vs fûtes	vs aviez été
ils ont été	ils furent	ils avaient été
Futur antérieur*		
j' **aurai été**		
tu auras été		
il aura été		
ns aurons été		
vs aurez été		
ils auront été		

CONDITIONNEL*
Présent
je **serais**
tu serais
il serait
ns serions
vs seriez
ils seraient

SUBJONCTIF*
Présent
que je **sois**
que tu sois
qu' il soit
que ns **soyons**
que vs soyez
qu' ils soient

IMPÉRATIF
Présent
sois
soyons
soyez

PARTICIPE
Présent
étant

ALLER

INDICATIF

Présent	Imparfait	Futur
je vais	j' **allais**	j' **irai**
tu vas	tu allais	tu iras
il va	il allait	il ira
ns allons	ns allions	ns irons
vs allez	vs alliez	vs irez
ils vont	ils allaient	ils iront

Passé composé	Passé simple	Plus-que-parfait*
je suis allé(e)	j' **allai**	j' étais allé(e)
tu es allé(e)	tu allas	tu étais allé(e)
il est allé	il **alla**	il était allé
ns sommes allé(e)s	ns allâmes	ns étions allé(e)s
vs êtes allé(e)s	vs allâtes	vs étiez allé(e)s
ils sont allés	ils allèrent	ils étaient allés

Futur antérieur*
je **serai** **allé(e)**
tu seras allé(e)
il sera allé
ns serons allé(e)s
vs serez allé(e)s
ils seront allés

CONDITIONNEL*

Présent
j' **irais**
tu irais
il irait
ns irions
vs iriez
ils iraient

IMPÉRATIF

Présent
va
allons
allez

PARTICIPE

Présent
allant

SUBJONCTIF*

Présent
que j' **aille**
que tu ailles
qu' il aille
que ns **allions**
que vs alliez
qu' ils aillent

FAIRE

INDICATIF		
Présent	**Imparfait**	**Futur**
je fais	je faisais	je ferai
tu fais	tu faisais	tu feras
il fait	il faisait	il fera
ns faisons	ns faisions	ns ferons
vs faites	vs faisiez	vs ferez
ils font	ils faisaient	ils feront
Passé composé	**Passé simple**	**Plus-que-parfait***
j' ai fait	je fis	j' avais fait
tu as fait	tu fis	tu avais fait
il a fait	il fit	il avait fait
ns avons fait	ns fîmes	ns avions fait
vs avez fait	vs fîtes	vs aviez fait
ils ont fait	ils firent	ils avaient fait
Futur antérieur*		
j' aurai fait		
tu auras fait		
il aura fait		
ns aurons fait		
vs aurez fait		
ils auront fait		

CONDITIONNEL*
Présent
je ferais
tu ferais
il ferait
ns ferions
vs feriez
ils feraient

SUBJONCTIF*
Présent
que je fasse
que tu fasses
qu' il fasse
que ns fassions
que vs fassiez
qu' ils fassent

IMPÉRATIF
Présent
fais
faisons
faites

PARTICIPE
Présent
faisant

DIRE

INDICATIF		
Présent	**Imparfait**	**Futur**
je dis	je disais	je **dirai**
tu dis	tu disais	tu diras
il dit	il disait	il dira
ns disons	ns disions	ns dirons
vs **dites**	vs disiez	vs direz
ils disent	ils disaient	ils diront
Passé composé	**Passé simple**	**Plus-que-parfait***
j' ai dit	je dis	j' avais dit
tu as dit	tu dis	tu avais dit
il a dit	il **dit**	il avait dit
ns avons dit	ns dîmes	ns avions dit
vs avez dit	vs dîtes	vs aviez dit
ils ont dit	ils dirent	ils avaient dit
Futur antérieur*		
j' **aurai dit**		
tu auras dit		
il aura dit		
ns aurons dit		
vs aurez dit		
ils auront dit		

CONDITIONNEL*
Présent
je **dirais**
tu dirais
il dirait
ns dirions
vs diriez
ils diraient

SUBJONCTIF*
Présent
que je dise
que tu dises
qu' il dise
que ns disions
que vs disiez
qu' ils disent

IMPÉRATIF
Présent
dis
disons
dites

PARTICIPE
Présent
disant

POUVOIR

INDICATIF		
Présent	**Imparfait**	**Futur**
je peux *ou* je puis	je pouvais	je **pourrai**
tu peux	tu pouvais	tu pourras
il peut	il pouvait	il pourra
ns pouvons	ns pouvions	ns pourrons
vs pouvez	vs pouviez	vs pourrez
ils peuvent	ils pouvaient	ils pourront
Passé composé	**Passé simple**	**Plus-que-parfait***
j' ai pu	je pus	j' avais pu
tu as pu	tu pus	tu avais pu
il a pu	il **put**	il avait pu
ns avons pu	ns pûmes	ns avions pu
vs avez pu	vs pûtes	vs aviez pu
ils ont pu	ils purent	ils avaient pu
Futur antérieur*		
j' **aurai pu**		
tu auras pu		
il aura pu		
ns aurons pu		
vs aurez pu		
ils auront pu		

CONDITIONNEL*
Présent
je **pourrais**
tu pourrais
il pourrait
ns pourrions
vs pourriez
ils pourraient

IMPÉRATIF
Présent
inusité

SUBJONCTIF*
Présent
que je **puisse**
que tu puisses
qu' il puisse
que ns puissions
que vs puissiez
qu' ils puissent

PARTICIPE
Présent
pouvant

DEVOIR

INDICATIF

Présent	Imparfait	Futur
je dois	je devais	je **devrai**
tu dois	tu devais	tu devras
il doit	il devait	il devra
ns devons	ns devions	ns devrons
vs devez	vs deviez	vs devrez
ils doivent	ils devaient	ils devront

Passé composé	Passé simple	Plus-que-parfait*
j' ai dû	je dus	j' avais dû
tu as dû	tu dus	tu avais dû
il a dû	il **dut**	il avait dû
ns avons dû	ns dûmes	ns avions dû
vs avez dû	vs dûtes	vs aviez dû
ils ont dû	ils durent	ils avaient dû

Futur antérieur*
j' **aurai** **dû**
tu auras dû
il aura dû
ns aurons dû
vs aurez dû
ils auront dû

CONDITIONNEL*

Présent
je **devrais**
tu devrais
il devrait
ns devrions
vs devriez
ils devraient

SUBJONCTIF*

Présent
que je **doive**
que tu doives
qu' il doive
que ns **devions**
que vs deviez
qu' ils doivent

IMPÉRATIF

Présent
inusité

PARTICIPE

Présent
devant

SAVOIR

INDICATIF		
Présent	**Imparfait**	**Futur**
je sais	je savais	je **saurai**
tu sais	tu savais	tu sauras
il sait	il savait	il saura
ns savons	ns savions	ns saurons
vs savez	vs saviez	vs saurez
ils savent	ils savaient	ils sauront
Passé composé	**Passé simple**	**Plus-que-parfait***
j' ai su	je sus	j' avais su
tu as su	tu sus	tu avais su
il a su	il **sut**	il avait su
ns avons su	ns sûmes	ns avions su
vs avez su	vs sûtes	vs aviez su
ils ont su	ils surent	ils avaient su
Futur antérieur*		
j' **aurai su**		
tu auras su		
il aura su		
ns aurons su		
vs aurez su		
ils auront su		

CONDITIONNEL*
Présent
je **saurais**
tu saurais
il saurait
ns saurions
vs sauriez
ils sauraient

IMPÉRATIF
Présent
sache
sachons
sachez

SUBJONCTIF*
Présent
que je **sache**
que tu saches
qu' il sache
que ns sachions
que vs sachiez
qu' ils sachent

PARTICIPE
Présent
sachant

VALOIR

INDICATIF		
Présent	**Imparfait**	**Futur**
je vaux	je valais	je **vaudrai**
tu vaux	tu valais	tu vaudras
il vaut	il valait	il vaudra
ns valons	ns valions	ns vaudrons
vs valez	vs valiez	vs vaudrez
ils valent	ils valaient	ils vaudront
Passé composé	**Passé simple**	**Plus-que-parfait***
j' ai valu	je valus	j' avais valu
tu as valu	tu valus	tu avais valu
il a valu	il **valut**	il avait valu
ns avons valu	ns valûmes	ns avions valu
vs avez valu	vs valûtes	vs aviez valu
ils ont valu	ils valurent	ils avaient valu
Futur antérieur*		
j' **aurai** **valu**		
tu auras valu		
il aura valu		
ns aurons valu		
vs aurez valu		
ils auront valu		

CONDITIONNEL*
Présent
je **vaudrais**
tu vaudrais
il vaudrait
ns vaudrions
vs vaudriez
ils vaudraient

SUBJONCTIF*
Présent
que je **vaille**
que tu vailles
qu' il vaille
que ns **valions**
que vs valiez
qu' ils vaillent

IMPÉRATIF
Présent
vaux
valons
valez

PARTICIPE
Présent
valant

ASSEOIR

INDICATIF

Présent		Imparfait		Futur	
j' assieds *ou*	assois	j' asseyais *ou*	assoyais	j' **assiérai** *ou*	**assoirai**
tu assieds	assois	tu asseyais	assoyais	tu assiéras	assoiras
il assied	assoit	il asseyait	assoyait	il assiéra	assoira
ns asseyons	assoyons	ns asseyions	assoyions	ns assiérons	assoirons
vs asseyez	assoyez	vs asseyiez	assoyiez	vs assiérez	assoirez
ils asseyent	assoient	ils asseyaient	assoyaient	ils assiéront	assoiront

Passé composé		Passé simple	Plus-que-parfait*	
j' ai	assis	j' assis	j' avais	assis
tu as	assis	tu assis	tu avais	assis
il a	assis	il **assit**	il avait	assis
ns avons	assis	ns assîmes	ns avions	assis
vs avez	assis	vs assîtes	vs aviez	assis
ils ont	assis	ils assirent	ils avaient	assis

Futur antérieur*	
j' **aurai**	**assis**
tu auras	assis
il aura	assis
ns aurons	assis
vs aurez	assis
ils auront	assis

CONDITIONNEL*

Présent	
j' **assiérais** *ou*	**assoirais**
tu assiérais	assoirais
il assiérait	assoirait
ns assiérions	assoirions
vs assiériez	assoiriez
ils assiéraient	assoiraient

IMPÉRATIF

Présent
assieds *ou* assois
asseyons *ou* assoyons
asseyez *ou* assoyez

PARTICIPE

Présent
asseyant *ou* assoyant

SUBJONCTIF*

Présent			
que j'	asseye	*ou*	assoie
que tu	asseyes		assoies
qu' il	asseye		assoie
que ns	asseyions		assoyions
que vs	asseyiez		assoyiez
qu' ils	asseyent		assoient

METTRE

INDICATIF		
Présent	**Imparfait**	**Futur**
je mets	je mettais	je mettrai
tu mets	tu mettais	tu mettras
il met	il mettait	il mettra
ns mettons	ns mettions	ns mettrons
vs mettez	vs mettiez	vs mettrez
ils mettent	ils mettaient	ils mettront
Passé composé	**Passé simple**	**Plus-que-parfait***
j' ai mis	je mis	j' avais mis
tu as mis	tu mis	tu avais mis
il a mis	il mit	il avait mis
ns avons mis	ns mîmes	ns avions mis
vs avez mis	vs mîtes	vs aviez mis
ils ont mis	ils mirent	ils avaient mis
Futur antérieur*		
j' aurai mis		
tu auras mis		
il aura mis		
ns aurons mis		
vs aurez mis		
ils auront mis		

CONDITIONNEL*
Présent
je mettrais
tu mettrais
il mettrait
ns mettrions
vs mettriez
ils mettraient

SUBJONCTIF*
Présent
que je mette
que tu mettes
qu' il mette
que ns mettions
que vs mettiez
qu' ils mettent

IMPÉRATIF
Présent
mets
mettons
mettez

PARTICIPE
Présent
mettant

CRAINDRE

INDICATIF

Présent	Imparfait	Futur
je crains	je craignais	je craindrai
tu crains	tu craignais	tu craindras
il craint	il craignait	il craindra
ns craignons	ns craignions	ns craindrons
vs craignez	vs craigniez	vs craindrez
ils craignent	ils craignaient	ils craindront

Passé composé	Passé simple	Plus-que-parfait*
j' ai craint	je craignis	j' avais craint
tu as craint	tu craignis	tu avais craint
il a craint	il craignit	il avait craint
ns avons craint	ns craignîmes	ns avions craint
vs avez craint	vs craignîtes	vs aviez craint
ils ont craint	ils craignirent	ils avaient craint

Futur antérieur*
j' aurai craint
tu auras craint
il aura craint
ns aurons craint
vs aurez craint
ils auront craint

CONDITIONNEL*

Présent
je craindrais
tu craindrais
il craindrait
ns craindrions
vs craindriez
ils craindraient

SUBJONCTIF*

Présent
que je craigne
que tu craignes
qu' il craigne
que ns craignions
que vs craigniez
qu' ils craignent

IMPÉRATIF

Présent
crains
craignons
craignez

PARTICIPE

Présent
craignant

CROIRE

INDICATIF

Présent		Imparfait		Futur	
je	crois	je	croyais	je	**croirai**
tu	crois	tu	croyais	tu	croiras
il	croit	il	croyait	il	croira
ns	croyons	ns	croyions	ns	croirons
vs	croyez	vs	croyiez	vs	croirez
ils	croient	ils	croyaient	ils	croiront

Passé composé			Passé simple		Plus-que-parfait*		
j'	ai	cru	je	**crus**	j'	avais	cru
tu	as	cru	tu	crus	tu	avais	cru
il	a	cru	il	crut	il	avait	cru
ns	avons	cru	ns	crûmes	ns	avions	cru
vs	avez	cru	vs	crûtes	vs	aviez	cru
ils	ont	cru	ils	crurent	ils	avaient	cru

Futur antérieur*		
j'	**aurai**	**cru**
tu	auras	cru
il	aura	cru
ns	aurons	cru
vs	aurez	cru
ils	auront	cru

CONDITIONNEL*

Présent	
je	croirais
tu	croirais
il	croirait
ns	croirions
vs	croiriez
ils	croiraient

SUBJONCTIF*

Présent		
que	je	**croie**
que	tu	croies
qu'	il	croie
que	ns	croyions
que	vs	croyiez
qu'	ils	croient

IMPÉRATIF

Présent
crois
croyons
croyez

PARTICIPE

Présent
croyant

VIVRE

INDICATIF

Présent		Imparfait		Futur	
je	vis	je	vivais	je	**vivrai**
tu	vis	tu	vivais	tu	vivras
il	vit	il	vivait	il	vivra
ns	vivons	ns	vivions	ns	vivrons
vs	vivez	vs	viviez	vs	vivrez
ils	vivent	ils	vivaient	ils	vivront

Passé composé			Passé simple		Plus-que-parfait*		
j'	ai	vécu	je	**vécus**	j'	avais	vécu
tu	as	vécu	tu	vécus	tu	avais	vécu
il	a	vécu	il	vécut	il	avait	vécu
ns	avons	vécu	ns	vécûmes	ns	avions	vécu
vs	avez	vécu	vs	vécûtes	vs	aviez	vécu
ils	ont	vécu	ils	vécurent	ils	avaient	vécu

Futur antérieur*		
j'	**aurai**	**vécu**
tu	auras	vécu
il	aura	vécu
ns	aurons	vécu
vs	aurez	vécu
ils	auront	vécu

CONDITIONNEL*

Présent	
je	vivrais
tu	vivrais
il	vivrait
ns	vivrions
vs	vivriez
ils	vivraient

SUBJONCTIF*

Présent		
que	je	**vive**
que	tu	vives
qu'	il	vive
que	ns	vivions
que	vs	viviez
qu'	ils	vivent

IMPÉRATIF

Présent
vis
vivons
vivez

PARTICIPE

Présent
vivant

VOIR

INDICATIF

Présent		Imparfait		Futur	
je	vois	je	voyais	je	**verrai**
tu	vois	tu	voyais	tu	verras
il	voit	il	voyait	il	verra
ns	voyons	ns	voyions	ns	verrons
vs	voyez	vs	voyiez	vs	verrez
ils	voient	ils	voyaient	ils	verront

Passé composé			Passé simple		Plus-que-parfait*		
j'	**ai**	**vu**	je	**vis**	j'	avais	vu
tu	as	vu	tu	vis	tu	avais	vu
il	a	vu	il	vit	il	avait	vu
ns	avons	vu	ns	vîmes	ns	avions	vu
vs	avez	vu	vs	vîtes	vs	aviez	vu
ils	ont	vu	ils	virent	ils	avaient	vu

Futur antérieur*		
j'	**aurai**	**vu**
tu	auras	vu
il	aura	vu
ns	aurons	vu
vs	aurez	vu
ils	auront	vu

CONDITIONNEL*

Présent	
je	verrais
tu	verrais
il	verrait
ns	verrions
vs	verriez
ils	verraient

SUBJONCTIF*

Présent		
que	je	**voie**
que	tu	voies
qu'	il	voie
que	ns	voyions
que	vs	voyiez
qu'	ils	voient

IMPÉRATIF

Présent
vois
voyons
voyez

PARTICIPE

Présent
voyant

CONDUIRE

INDICATIF

Présent	Imparfait	Futur
je conduis	je conduisais	je conduirai
tu conduis	tu conduisais	tu conduiras
il conduit	il conduisait	il conduira
ns conduisons	ns conduisions	ns conduirons
vs conduisez	vs conduisiez	vs conduirez
ils conduisent	ils conduisaient	ils conduiront

Passé composé	Passé simple	Plus-que-parfait*
j' **ai conduit**	je **conduisis**	j' avais conduit
tu as conduit	tu conduisis	tu avais conduit
il a conduit	il conduisit	il avait conduit
ns avons conduit	ns conduisîmes	ns avions conduit
vs avez conduit	vs conduisîtes	vs aviez conduit
ils ont conduit	ils conduisirent	ils avaient conduit

Futur antérieur*
j' **aurai conduit**
tu auras conduit
il aura conduit
ns aurons conduit
vs aurez conduit
ils auront conduit

CONDITIONNEL*

Présent
je conduirais
tu conduirais
il conduirait
ns conduirions
vs conduiriez
ils conduiraient

SUBJONCTIF*

Présent
que je **conduise**
que tu conduises
qu' il conduise
que ns conduisions
que vs conduisiez
qu' ils conduisent

IMPÉRATIF

Présent
conduis
conduisons
conduisez

PARTICIPE

Présent
conduisant

FUIR

INDICATIF

Présent	Imparfait	Futur
je fuis	je fuyais	je **fuirai**
tu fuis	tu fuyais	tu fuiras
il fuit	il fuyait	il fuira
ns fuyons	ns fuyions	ns fuirons
vs fuyez	vs fuyiez	vs fuirez
ils fuient	ils fuyaient	ils fuiront

Passé composé	Passé simple	Plus-que-parfait*
j' **ai fui**	je **fuis**	j' avais fui
tu as fui	tu fuis	tu avais fui
il a fui	il fuit	il avait fui
ns avons fui	ns fuîmes	ns avions fui
vs avez fui	vs fuîtes	vs aviez fui
ils ont fui	ils fuirent	ils avaient fui

Futur antérieur*
j' aurai fui
tu auras fui
il aura fui
ns aurons fui
vs aurez fui
ils auront fui

CONDITIONNEL*

Présent
je fuirais
tu fuirais
il fuirait
ns fuirions
vs fuiriez
ils fuiraient

SUBJONCTIF*

Présent
que je **fuie**
que tu fuies
qu' il fuie
que ns fuyions
que vs fuyiez
qu' ils fuient

IMPÉRATIF

Présent
fuis
fuyons
fuyez

PARTICIPE

Présent
fuyant

SENTIR

INDICATIF		
Présent	**Imparfait**	**Futur**
je **sens**	je sentais	je sentirai
tu sens	tu sentais	tu sentiras
il sent	il sentait	il sentira
ns sentons	ns sentions	ns sentirons
vs sentez	vs sentiez	vs sentirez
ils sentent	ils sentaient	ils sentiront
Passé composé	**Passé simple**	**Plus-que-parfait***
j' **ai** **senti**	je **sentis**	j' avais senti
tu as senti	tu sentis	tu avais senti
il a senti	il sentit	il avait senti
ns avons senti	ns sentîmes	ns avions senti
vs avez senti	vs sentîtes	vs aviez senti
ils ont senti	ils sentirent	ils avaient senti
Futur antérieur*		
j' aurai senti		
tu auras senti		
il aura senti		
ns aurons senti		
vs aurez senti		
ils auront senti		

CONDITIONNEL*
Présent
je sentirais
tu sentirais
il sentirait
ns sentirions
vs sentiriez
ils sentiraient

IMPÉRATIF
Présent
sens
sentons
sentez

SUBJONCTIF*
Présent
que je **sente**
que tu sentes
qu' il sente
que ns sentions
que vs sentiez
qu' ils sentent

PARTICIPE
Présent
sentant

Index

INDEX

A

à et **a** 68
accents 20
accord du participe passé 62, 64, 110
accord verbe-sujet 60, 110
adjectifs au féminin 54
adjectifs numéraux 42
adverbes 22, 76, 82, 84
ai, **ais**, **ait** ou **ay** 34
ail ou **aille** 36
aller (conjugaison) 140
an ou **am** 16
asseoir (conjugaison) 147
au, **eau**, **aud** ou **aut** 26
avoir 62, 68, 72, 82, 110, 118

C

c ou **ç** 8
c, **qu** ou **k** 10
ce et **se** 80
cent 42
ces et **ses** 78
conditionnel présent 119
conduire (conjugaison) 153
conjonctions 22, 70
conjugaison de **avoir** 90, 98, 104, 112, 120, 122, 138
conjugaison de **être** 90, 98, 104, 112, 120, 122, 139
consonnes doubles 44, 54
craindre (conjugaison) 149
croire (conjugaison) 150

D

déterminants 74, 78, 80, 84, 87
devoir (conjugaison) 144
dire (conjugaison) 142

E

é, **ée** ou **er** 28, 58
eil ou **eille** 36
en ou **em** 16
et ou **est** 70
et, **ès**, **êt** ou **ey** 34
être 64, 70, 74, 110, 118
euil ou **euille** 36

F

f, **ff** ou **ph** 14
faire (conjugaison) 141
finir (conjugaison) 134, 135
fuir (conjugaison) 154
futur antérieur 118
futur simple 104, 106, 108, 118

G

g ou **gu** 12
genre des noms 50

H

h aspiré 40
h muet 40, 74, 80
homonymes 46, 66

I

i, **ie**, **is**, **ix**, **id**, **il** ou **y** 30
imparfait de l'indicatif 98, 100, 102
impératif 122
in, **im**, **ain**, **ein** 18
infinitif 58
interjections 22

J

j ou **ge** 12
j ou **gu** 12

L

la, **là** ou **l'a** 82
lettres muettes 24
leur 88

M

mettre (conjugaison) 148
mots invariables 22, 42

N

nombres ... 42
noms au féminin ... 50

O

o, **os** ou **ot** ... 26
offrir (conjugaison) ... 136, 137
oir ou **oire** ... 38
on et **ont** ... 72
on ou **om** ... 16
ou et **où** ... 76
ouil ou **ouille** ... 36

P

parler (conjugaison) ... 134, 135
participe passé ... 58, 62, 110, 118
passé composé ... 110
passé simple ... 112, 114, 116
pluriel des adjectifs ... 56
pluriel des noms ... 52
plus-que-parfait ... 118
pouvoir (conjugaison) ... 143
prendre (conjugaison) ... 136, 137
prépositions ... 22, 68
présent de l'indicatif ... 90, 92, 94, 96
présent du subjonctif ... 120
pronom ... 76, 80, 84, 87
pronoms personnels ... 72, 80, 82

Q

quel(s), **quelle(s)** ou **qu'elle(s)** ... 86

S

s ou **ss** ... 8
savoir (conjugaison) ... 145
sentir (conjugaison) ... 154
son (AIL) ... 36
son (AN) ... 16
son (É) ... 28
son (È) ... 34
son (EIL) ... 36
son (EUIL) ... 36
son (F) ... 14
son (G) ... 12
son (I) ... 30
son (IN) ... 18
son (JE) ... 12, 125
son (K) ... 10
son (O) ... 26
son (OIR) ... 38
son (ON) ... 16
son (OUIL) ... 36
son (S) ... 8, 44, 125
son (U) ... 32
son (YE) ... 44
son et **sont** ... 74
subjonctif présent ... 120

T

tout, **tous** ... 84
toute, **toutes** ... 84

U

u, **ue**, **us**, **ut**, ou **ux** ... 32

V

valoir (conjugaison) ... 146
venir (conjugaison) ... 134, 135
verbes du 1er groupe ... 92, 100, 106, 112, 134
verbes du 2e groupe ... 94, 100, 106, 114, 134
verbes du 3e groupe ... 96, 102, 108, 114, 134
verbes en **-cer**, **-ger** ... 125
verbes en **-yer**, **-eter**, **-eler** ... 124
vingt ... 42
vivre (conjugaison) ... 151
voir (conjugaison) ... 152
vouloir (conjugaison) ... 136, 137

Achevé d'imprimer en Octobre 2020 en Espagne par Unigraf
Dépôt légal : Décembre 2016 - Édition 05
72/5621/8